Todo es energía.
Un despertar con los minerales

colección

TABLA
ESMERALDA

La Colección Tabla Esmeralda es mucho más que una serie de libros: es una invitación a descubrir tu poder interior y a explorar los secretos más ocultos del universo. A través de una selección exquisita de obras emblemáticas en los campos del esoterismo, la autoayuda y el pensamiento espiritual, esta colección está pensada para aquellos que buscan expandir su conciencia y comprender los misterios que han fascinado a la humanidad desde tiempos ancestrales.

Cada libro te guiará en un viaje profundo hacia el conocimiento místico y el desarrollo personal, ayudándote a desentrañar los enigmas que rodean la existencia humana y a conectar con el poder transformador de la mente y el alma. Si sientes el llamado de lo desconocido, si anhelas descubrir verdades ocultas y elevar tu ser a nuevas dimensiones, la Colección Tabla Esmeralda es el compañero perfecto en tu búsqueda espiritual.

GUSTAVO ROJAS

Todo es Energía

Un despertar con los minerales

ALCARAZ
EDICIONES

© Alcaraz Ediciones, 2025

© Gustavo Rojas, 2025

Mare Nostrum, 44
46420 – El Perelló
Sueca, Valencia
Teléf.: (+34) 910 46 54 33
e-mail: info@ alcarazediciones.es
https://alcarazediciones.es

I.S.B.N.: 979-13-87586-38-6
Depósito Legal: V-1547-2025

Diseño y maquetación: Iván García Molinero
Printed in Spain / Impreso en España

DEDICATORIA

Este libro lo dedico a mi familia, que me ha dado el valor y el apoyo necesario para hacerlo realidad. Pero especialmente, lo dedico a mi hermano Daniel Rojas, quien desde otro plano supo enviarme un mensaje inspirador para realmente abrirme al conocimiento del universo.

Gracias, Daniel, por tu guía y luz constante.

ÍNDICE

INTRODUCCIÓN

E n el vasto tapiz del universo, hay una verdad fundamental que subyace a todo lo que existe: todo es energía. Desde los pensamientos que surcan nuestras mentes hasta las emociones que fluyen por nuestros corazones, desde los minerales que componen la corteza terrestre hasta las estrellas que brillan en el firmamento, cada elemento, cada partícula, vibra con una energía inherente.

Las antiguas civilizaciones ya intuían esta conexión profunda. Los filósofos griegos, como Heráclito, hablaron de un "logos" subyacente que daba forma al cosmos, mientras que en Oriente, los conceptos de "prana" en la India y "chi" en China describen la energía vital que fluye a través de todos los seres vivos. Los chamanes de América comprendían la interconexión entre la tierra, el cielo y los seres humanos, percibiendo el universo como una red energética unificada.

En tiempos más recientes, la ciencia ha comenzado a desentrañar estos misterios. A principios del siglo XX, Albert Einstein revolucionó nuestra comprensión del universo con su teoría de la relatividad, demostrando que la materia y la energía son intercambiables $(E=mc^2)$. Esta revelación subrayó que todo lo que percibimos como sólido es, en realidad, una forma de energía en diferentes estados de vibración.

La física cuántica ha llevado esta comprensión aún más lejos, mostrando que las partículas subatómicas, los componentes básicos de la materia, no son objetos sólidos, sino paquetes de energía que existen en un estado de probabilidad hasta que son observados. Este fenómeno, conocido como la dualidad onda-partícula, sugiere que la realidad misma está en constante cambio, influenciada por nuestras observaciones y pensamientos.

Nuestros pensamientos y emociones, a menudo considerados intangibles, son formas de energía que tienen un impacto tangible en el mundo que nos rodea. Estudios en el campo de la neurociencia han demostrado cómo las sinapsis neuronales y los patrones de ondas cerebrales son manifestaciones de actividad eléctrica. Las emociones, a su vez, están ligadas a la liberación de neurotransmisores y hormonas, que son sustancias químicas cargadas de energía que afectan nuestro cuerpo y mente.

Los minerales, con su aparente solidez y estabilidad, también son parte de esta danza energética. Cada cristal, cada piedra, posee una frecuencia vibratoria única que puede interactuar con nuestras propias energías, influenciando nuestra salud y bienestar. Investigaciones en gemología y cristalografía han explorado cómo las estructuras cristalinas afectan la energía que emiten y reciben.

Este libro es una exploración de esa verdad omnipresente: todo es energía. A medida que avanzamos en este viaje, descubriremos cómo reconocer, comprender y armonizar estas energías puede transformar nuestra percepción de la realidad y nuestra experiencia de la vida. Desde la ciencia hasta la espiritualidad, desde lo macroscópico hasta lo microscópico, nos embarcaremos en una travesía para desentrañar el tejido energético que conecta todo lo que somos y todo lo que nos rodea.

Bienvenidos a un mundo donde todo está vivo, donde cada pensamiento y emoción, cada mineral y estrella, resuena con la vibración eterna de la energía universal.

EL PODER DEL AMOR Y OTRAS EMOCIONES

El amor, la energía más poderosa del universo, es una fuerza capaz de transformar nuestras vidas de maneras profundas y asombrosas. Desde tiempos inmemoriales, filósofos, científicos y líderes espirituales han reconocido el impacto del amor en la salud y el bienestar. Este libro explora cómo el amor puede afectar y modificar nuestro sistema nervioso, sistema físico, sistema emocional e incluso nuestro ADN, revelando el increíble potencial de esta energía para sanar y transformar.

La energía más fuerte del universo es el AMOR. El amor es una vibración que trasciende el tiempo y el espacio. Es la esencia que conecta a todos los seres vivos, una fuerza que impulsa la creación y el crecimiento. Los antiguos textos y las tradiciones espirituales de diversas culturas han hablado del amor como la energía primordial que sostiene el universo. Desde el "Agape" de los griegos hasta el "Bhakti" en la tradición hindú, el amor ha sido venerado como la energía más elevada y poderosa.

Investigaciones científicas modernas han comenzado a desentrañar los misterios del amor y su impacto en el sistema nervioso. Estudios han demostrado que el amor puede activar el sistema parasimpático, promoviendo la relajación y reduciendo el estrés. La oxitocina, conocida como la "hormona del amor", juega un papel crucial en este proceso. Liberada durante momentos de conexión emocional, la oxitocina puede disminuir la presión arterial, reducir la producción de cortisol (la hormona del estrés) y aumentar el sentido de bienestar.

El amor no solo afecta nuestra mente; también tiene un impacto significativo en nuestro cuerpo físico. Las personas que experimentan amor y conexión profunda tienden a tener sistemas inmunológicos más fuertes, recuperándose más rápidamente de enfermedades y lesiones. El amor promueve la liberación de endorfinas, que actúan como analgésicos naturales, aliviando el dolor y mejorando el estado de ánimo. Además, el amor puede influir en la longevidad, con estudios que sugieren que las personas que están en relaciones amorosas tienen vidas más largas y saludables.

Es fundamental para nuestro bienestar emocional. Nos proporciona un sentido de pertenencia y seguridad, elementos esenciales para la salud mental. El amor nos ayuda a superar los desafíos emocionales y a encontrar propósito y significado en la vida. La psicología moderna reconoce que las relaciones amorosas y el apoyo social son cruciales para la resiliencia emocional y la recuperación de traumas.

Quizás uno de los descubrimientos más fascinantes es cómo el amor puede influir en nuestro ADN. La epigenética, el estudio de cómo el comportamiento y el entorno pueden causar cambios que afectan la forma en que se expresan nuestros genes, ha revelado que las experiencias de amor y cuidado pueden activar genes que promueven la salud y el bienestar. El amor puede desencadenar la producción de proteínas que reparan el ADN, protegiendo nuestras células de daños y contribuyendo a la longevidad.

Hay referencias históricas que hablan del amor: En el antiguo Egipto, el amor y la conexión emocional eran considerados esenciales para la vida después de la muerte. Los egipcios creían que el corazón, el centro de las emociones, debía ser puro para pasar el juicio de Osiris y alcanzar la vida eterna. Los filósofos griegos, como Platón, discutieron extensamente sobre el amor en sus escritos. En "El Banquete", Platón describe el amor como una fuerza que puede guiar el alma hacia la verdad y la belleza supremas, conectando al individuo con lo divino.

En la tradición hindú, el Bhakti es la devoción amorosa hacia una deidad, considerada una forma de amor incondicional que puede llevar al individuo a la liberación espiritual. Textos como el Bhagavad Gita exploran cómo el amor y la devoción pueden transformar la vida de una persona.

También tenemos evidencia científica ya que hay investigaciones en epigenética han demostrado que el entorno y las experiencias emocionales pueden influir en la expresión genética. Un estudio publicado en la revista "Proceedings of the National Academy of Sciences" mostró que las experiencias positivas, como el amor y el apoyo social, pueden reducir la expresión de genes asociados con la inflamación, mientras que aumentan la expresión de genes relacionados con la respuesta inmune y la reparación celular. Además, los trabajo de la Dra. Elizabeth Blackburn, premio Nobel, y la Dra. Elissa Epel han mostrado cómo el apoyo emocional y las conexiones amorosas pueden preservar la longitud de los telómeros, los extremos de los cromosomas que protegen el ADN, retrasando el envejecimiento celular.

En conclusión, el amor es una energía transformadora con el poder de afectar cada aspecto de nuestro ser. Desde el sistema nervioso hasta el ADN, el amor tiene el potencial de sanar, revitalizar y renovar.

Sin embargo, no solo el amor tiene este poder. Todas nuestras emociones y pensamientos, sean positivos o negativos, afectan de alguna manera a los seres vivos. La tristeza, la ira, el miedo y la alegría, cada una de estas emociones, influye en nuestro cuerpo y mente de formas únicas.

El miedo, por ejemplo, puede tener efectos profundamente negativos. El estrés y el miedo crónicos pueden debilitar el sistema inmunológico, aumentar la presión arterial y contribuir a la aparición de enfermedades cardíacas y otras condiciones de salud. Entender cómo nuestras emociones afectan nuestra biología es crucial para aprender a gestionar nuestras respuestas emocionales y mejorar nuestra salud general.

En los capítulos siguientes, exploraremos cómo otras emociones, además del amor, interactúan con nuestro cuerpo y mente. Descubriremos cómo podemos utilizar esta comprensión para cultivar un equilibrio emocional y mejorar nuestra salud y bienestar general. Acompáñanos en este viaje de descubrimiento y transformación, donde la ciencia se encuentra con la espiritualidad para revelar el verdadero poder de nuestras emociones y pensamientos.

Las emociones pueden tener un impacto significativo en nuestro sistema físico, emocional y nervioso. Aquí hay algunas maneras en que las emociones afectan estos sistemas:

Sistema Físico

Respuesta al estrés: Las emociones como el miedo y la ansiedad pueden desencadenar la liberación de hormonas del estrés, como el cortisol y la adrenalina. Esto puede aumentar la frecuencia cardíaca, la presión arterial y la respiración.

Sistema inmunológico: El estrés crónico puede debilitar el sistema inmunológico, haciendo que el cuerpo sea más susceptible a enfermedades. **Dolor y tensión muscular**: Emociones negativas pueden provocar tensión muscular y dolores de cabeza. El dolor crónico también puede verse afectado por el estado emocional. **Digestión**: Las emociones pueden afectar el sistema digestivo, causando problemas como el síndrome del intestino irritable, náuseas y cambios en el apetito.

Sistema Emocional

Bienestar general: Emociones positivas como la felicidad y el amor pueden mejorar el bienestar general y la calidad de vida, mientras que las emociones negativas como la tristeza y la ira pueden llevar a problemas de salud mental. **Relaciones interpersonales**: Las emociones afectan cómo interactuamos con los demás, influyendo en nuestras relaciones y en la capacidad de formar vínculos saludables.

Sistema Nervioso

Neurotransmisores: Las emociones afectan los niveles de neurotransmisores en el cerebro, como la serotonina y la dopamina, que son cruciales para la regulación del estado de ánimo. **Respuesta de Lucha o Huida**: Las emociones intensas pueden activar la respuesta de lucha o huida del sistema nervioso simpático, preparando al cuerpo para enfrentar o escapar de una amenaza. **Cerebro y Cognición**: Las emociones afectan cómo procesamos la información, influenciando la memoria, la atención y la toma de decisiones. El estrés crónico puede dañar áreas del cerebro como el hipocampo, que es esencial para la memoria y el aprendizaje.

Podemos destacar algunos pioneros y contribuciones clave que han sido fundamentales en este campo:

Hipócrates (c. 460-370 a.C.): Considerado el "padre de la medicina", Hipócrates propuso que la salud física y mental estaba influenciada por los cuatro humores (sangre, flema, bilis negra y bilis amarilla), sugiriendo una conexión entre el estado emocional y la salud física.

Charles Darwin (1809-1882): En su libro "La expresión de las emociones en el hombre y los animales" (1872), Darwin exploró cómo las emociones se expresan físicamente y cómo estas expresiones emocionales tienen una base biológica.

Sigmund Freud (1856-1939): El fundador del psicoanálisis, Freud, destacó la influencia de las emociones y los conflictos inconscientes en la salud mental y física.

Walter Cannon (1871-1945): Famoso por su trabajo sobre la respuesta de lucha o huida y el concepto de homeostasis, Cannon demostró cómo el estrés emocional puede provocar cambios físicos en el cuerpo, incluyendo la liberación de adrenalina.

Hans Selye (1907-1982): Introdujo el concepto de "estrés" en la medicina y describió el "síndrome de adaptación general", explicando cómo el estrés crónico afecta al cuerpo de manera negativa. **Neurociencia Afectiva**: Investigadores como Antonio Damasio han avanzado en la comprensión de cómo las emociones y los procesos mentales están integrados con la fisiología del cerebro y el cuerpo. En su libro "El error de Descartes" (1994), Damasio argumenta que las emociones son fundamentales para la toma de decisiones racionales. La investigación moderna continúa explorando las complejas interacciones entre las emociones, el cerebro y el cuerpo. Los avances en neuroimagen y neurociencia han permitido a los científicos observar en tiempo real cómo las emociones afectan la actividad cerebral y los sistemas fisiológicos.

Richard Davidson: Conocido por su trabajo en neurociencia afectiva, estudia cómo las emociones afectan al cerebro y cómo la meditación y otras prácticas pueden influir en el bienestar emocional y físico.

Elissa Epel y Elizabeth Blackburn: Han investigado cómo el estrés emocional puede afectar el envejecimiento celular y la longitud de los telómeros, los extremos protectores de los cromosomas.

Ryke Geerd Hamer: Sus estudios, conocidos como la "Nueva Medicina Germánica", exploran la conexión entre los conflictos emocionales y la aparición de enfermedades físicas, proponiendo que ciertas emociones no resueltas pueden manifestarse en órganos específicos del cuerpo.

En resumen, las emociones tienen un papel crucial en nuestra salud y bienestar general, y pueden afectar significativamente nuestros sistemas físico, emocional y nervioso. La relación entre emociones y su impacto en el sistema físico y nervioso no fue descubierta por una sola persona, sino que es el resultado de siglos de investigación en diversos campos como la medicina, la psicología y la neurociencia.

LA INTERACCIÓN DE LOS
MINERALES CON LOS SERES VIVOS

Desde tiempos inmemoriales, los seres humanos han sentido una fascinación especial por los minerales y cristales, reconociendo en ellos no solo su belleza y durabilidad, sino también sus misteriosas propiedades. En este capítulo, exploraremos cómo los minerales interactúan con los seres vivos de dos maneras fundamentales: a través de los campos electromagnéticos y en contacto con la piel.

Los campos electromagnéticos (CEM) son una parte integral del universo. Todo, desde las partículas subatómicas hasta las estrellas más grandes, emite algún tipo de radiación electromagnética. Los minerales no son una excepción; ellos poseen sus propios campos electromagnéticos debido a sus estructuras cristalinas y a los elementos químicos que los componen.

Los minerales están formados por átomos dispuestos en una estructura repetitiva y ordenada llamada red cristalina. Esta disposición particular permite que los minerales interactúen con los campos electromagnéticos de maneras específicas. Por ejemplo, el cuarzo es conocido por su capacidad piezoeléctrica, lo que significa que puede generar una carga eléctrica. Esta propiedad permite que el cuarzo absorba y transmita energía, actuando como un medio de amplificación y transmisión de campos electromagnéticos.

La ciencia moderna ha comenzado a explorar estas interacciones. Estudios en el campo de la bioenergética sugieren que los minerales pueden influir en el campo energético humano, también conocido como aura. Se cree que ciertos cristales pueden armonizar y equilibrar estos campos energéticos, promoviendo la salud y el bienestar general.

Culturas ancestrales de todo el mundo han reconocido y utilizado las propiedades electromagnéticas de los minerales de maneras que aún hoy nos sorprenden. Estas culturas entendían intuitivamente lo que la ciencia moderna ha comenzado a desentrañar.

Los egipcios fueron una de las primeras civilizaciones en utilizar los minerales con fines electromagnéticos. Usaban el lapislázuli y la turquesa no solo por su belleza, sino también por sus supuestas propiedades protectoras y curativas. Algunos estudiosos creen que los egipcios entendían que estos minerales podían interactuar con el campo energético humano, posiblemente influenciando la salud y el bienestar. Además, la pirámide de Giza, construida con grandes bloques de granito que contienen cuarzo, se cree que podría haber sido diseñada para aprovechar las propiedades piezoeléctricas del cuarzo, generando campos electromagnéticos dentro de la estructura.

En la antigua China, el jade y otros minerales eran altamente valorados no solo por su belleza, sino también por sus propiedades energéticas. Los chinos antiguos utilizaban el jade en prácticas de curación, creyendo que podía influir en el "chi" o energía vital del cuerpo. La capacidad del jade para resonar con la energía del cuerpo humano podría haber sido una forma temprana de comprensión del electromagnetismo. Además, la brújula china, que utiliza una aguja magnetizada, muestra un entendimiento temprano del magnetismo terrestre, lo cual es una manifestación del electromagnetismo.

En la antigua Grecia, filósofos y científicos comenzaron a experimentar con las propiedades eléctricas y magnéticas de los minerales. Tales de Mileto, alrededor del 600 a.C., observó que al frotar el ámbar (fósil de resina de árbol), este atraía pequeños objetos, una forma temprana de entender la electricidad estática. Este fenómeno es una manifestación del electromagnetismo y demuestra que los antiguos griegos tenían algún conocimiento de las propiedades electromagnéticas de los materiales.

Teofrasto, un discípulo de Aristóteles, también contribuyó a este conocimiento. En su obra "Sobre las piedras", Teofrasto describió cómo al calentar la turmalina, ésta adquiría la capacidad de atraer paja y otros materiales ligeros, similar a lo observado por Tales con el ámbar. Este efecto piezoeléctrico de la turmalina es una de las primeras descripciones documentadas de las propiedades electromagnéticas de un mineral.

Además de las interacciones con los minerales, los seres humanos también poseen mecanismos internos que les permiten percibir y responder a los campos electromagnéticos.

Dos componentes clave en este proceso son los criptocromos y la magnetita.

1) Criptocromos

Los criptocromos son proteínas sensibles a la luz que se encuentran en los ojos de los humanos y de muchas otras especies. Estas proteínas juegan un papel crucial en la regulación de los ritmos circadianos, pero también se ha descubierto que pueden responder a los campos magnéticos. Esta sensibilidad podría permitir a los seres humanos percibir de manera subconsciente las variaciones en los campos electromagnéticos del entorno.

2) MAGNETITA

La magnetita es un mineral magnético que se encuentra en pequeñas cantidades en el cerebro humano, específicamente en la glándula pineal. Se ha sugerido que la magnetita puede ayudar a los seres humanos a detectar campos magnéticos, similar a cómo algunas aves y otros animales utilizan la magnetita para la navegación. Este mineral podría proporcionar a los seres humanos una especie de "sexto sentido" electromagnético, aunque su funcionamiento exacto y la medida en que influye en la percepción humana aún están bajo investigación.

EL CONTACTO DE LOS MINERALES CON LA PIEL

El contacto directo de los minerales con la piel es otra forma en que estos pueden influir en los seres vivos. Desde las antiguas culturas que utilizaban polvos minerales para tratar heridas hasta las prácticas modernas de la gemoterapia, el uso de minerales en contacto con el cuerpo ha sido una constante en la historia humana.

Cuando un mineral entra en contacto con la piel, varias cosas pueden suceder. En primer lugar, la piel puede absorber oligoelementos presentes en el mineral. Por ejemplo, minerales como el cobre y el zinc son esenciales para el funcionamiento óptimo del cuerpo humano. Usados en forma de pulseras o parches, estos minerales pueden ser absorbidos lentamente por la piel, proporcionando beneficios terapéuticos.

Además de los beneficios físicos, el contacto con los minerales también se cree que tiene un efecto energético. Según la teoría de la gemoterapia, cada mineral posee una vibración única que puede resonar con los centros energéticos del cuerpo, también conocidos como chakras. Por ejemplo, el cuarzo rosa es conocido por su capacidad para abrir el chakra del corazón, promoviendo sentimientos de amor y compasión.

Para entender mejor cómo estos procesos funcionan en la práctica, consideremos algunos ejemplos:

- **Cuarzo (Silice):** Cuando este mineral entra en contacto con la piel, pueden actuar como una herramienta de exfoliación natural. El silice ayuda a remover las células muertas de la piel, mientras que el cuarzo puede promover la regeneración celular.

- **Shungit:** Este mineral es conocido por sus propiedades purificadoras. En contacto con la piel, la shungit puede ayudar a oxigenar las células y promover la desintoxicación. Se cree que su estructura única de fullerenos contribuye a estos efectos beneficiosos.

- **Malaquita:** Con un contenido de cobre del 57%, la malaquita es altamente valorada por sus propiedades terapéuticas. El cobre es esencial para la salud de la piel, y el uso de malaquita en contacto con la piel puede ayudar a mejorar su elasticidad y reducir la inflamación.

En conclusión, los minerales interactúan con los seres vivos de maneras complejas y fascinantes. A través de sus campos electromagnéticos y el contacto directo con la piel, pueden influir en nuestra salud física y energética. Además, la presencia de criptocromos y magnetita en los seres humanos sugiere que también tenemos la capacidad innata de percibir y responder a los campos electromagnéticos del entorno. Comprender estas interacciones nos permite aprovechar mejor las propiedades beneficiosas de los minerales en nuestra vida diaria.

A medida que profundicemos en los siguientes capítulos, exploraremos más a fondo estas y otras propiedades de los minerales, desentrañando los misterios de su energía y cómo podemos utilizarlos para mejorar nuestra vida y bienestar.

LOS MINERALES Y LAS EMOCIONES

AUTOCONFIANZA

Es crucial para el bienestar emocional y mental. Cuando falta autoconfianza, las personas pueden experimentar ansiedad, inseguridad y baja autoestima, lo que afecta negativamente su capacidad para tomar decisiones y enfrentar desafíos. Sin embargo, ciertos minerales pueden apoyar el desarrollo de la autoconfianza y proporcionar estabilidad emocional.

El sentido de pertenencia al clan y la conexión con la tierra son esenciales para el desarrollo de la autoconfianza. El clan proporciona un sistema de apoyo emocional y una identidad compartida, lo que refuerza la sensación de seguridad y pertenencia. La conexión con la tierra, por otro lado, proporciona estabilidad y enraizamiento, permitiendo que las personas se sientan más seguras y centradas.

Rubí

El rubí es un mineral conocido por su relación con la vitalidad, la pasión y el coraje. Su profundo color rojo simboliza la fuerza y la energía de la vida, conectando con la sangre y, por ende, con la vida misma. Esta conexión con la sangre se extiende a la conexión con el clan y la madre tierra, proporcionando una sensación de pertenencia y seguridad.

El rubí es conocido por fortalecer el corazón y mejorar la circulación sanguínea, lo que metafóricamente fortalece el corazón emocional y la capacidad de enfrentarse a los desafíos con valentía. La conexión del rubí con la madre tierra también fomenta la estabilidad y el enraizamiento, cruciales para desarrollar una autoconfianza sólida.

- **Hindúes**: En la antigua India, el rubí era conocido como "ratnaraj", o "rey de las gemas". Los hindúes creían que los rubíes ofrecían protección y garantizaban la paz con los enemigos. Además, se asociaba con la vitalidad y la vida, siendo considerado un símbolo de fuerza y poder.

- **Chinos**: En la cultura china, los rubíes eran valorados por su capacidad para proporcionar protección y vitalidad. Se creía que llevaban consigo la esencia del fuego y la vida, y eran usados para atraer buena fortuna y protección.

- **La Biblia**: En el Antiguo Testamento, el rubí es mencionado en la descripción de la armadura de Aarón, el sumo sacerdote de los israelitas. El rubí, junto con otras piedras preciosas, adornaba el pectoral del juicio, simbolizando la protección divina y la conexión con Dios.

Jaspe Rojo

El jaspe rojo es conocido por su capacidad para proporcionar estabilidad emocional y mental. Este mineral ayuda a superar el miedo y la inseguridad, promoviendo un sentido de seguridad y estabilidad. El jaspe rojo también fortalece la voluntad y la perseverancia, esenciales para mantener la autoconfianza en situaciones difíciles.

El color rojo intenso del jaspe está asociado con el chakra raíz, que es la base de nuestra energía y seguridad en el mundo físico. Al equilibrar y activar este chakra, el jaspe rojo ayuda a enraizar y centrar la energía, proporcionando una base sólida para la autoconfianza.

- **Antigua Grecia y Roma**: En la antigua Grecia y Roma, el jaspe rojo era usado como un talismán para protegerse de los peligros y promover la valentía. Los guerreros llevaban jaspe rojo en sus armaduras para asegurarse la protección y el éxito en batalla.

- **Egipto Antiguo**: Los egipcios consideraban al jaspe rojo una piedra de vitalidad y protección. Se utilizaba en amuletos y joyería para asegurar la salud y la fuerza de quien lo portaba. Además, el jaspe rojo se asociaba con la sangre y la vida, y se utilizaba en rituales de protección y sanación.

- **Tradición Cristiana**: En la tradición cristiana, el jaspe rojo es mencionado en el Libro del Apocalipsis como una de las piedras que adornan las paredes de la Nueva Jerusalén. Simboliza la firmeza y la protección divina.

Turmalina Negra

La turmalina negra es famosa por su capacidad para proteger contra energías negativas y proporcionar una fuerte conexión con la tierra. Esta piedra fomenta una sensación de seguridad y protección, fundamental para desarrollar y mantener la autoconfianza. La turmalina negra también ayuda a enraizar y centrar la energía, proporcionando una base sólida desde la cual se puede construir la autoconfianza.

- **Antigua India**: En la antigua India, la turmalina negra era utilizada por sus propiedades protectoras. Se creía que esta piedra tenía la capacidad de repeler energías negativas y proporcionar una capa de protección alrededor de quien la portara, fortaleciendo así la autoconfianza.

- **China Antigua**: Los antiguos chinos usaban la turmalina negra para equilibrar el yin y el yang y protegerse contra energías nocivas. Era valorada por su capacidad para purificar y equilibrar el campo energético, lo que ayudaba a las personas a sentirse más seguras y confiadas.

- **África**: En muchas culturas africanas, la turmalina negra se utilizaba en rituales para proteger contra maldiciones y energías negativas. Era considerada una piedra de gran poder protector y curativo, que también fortalecía el sentido de comunidad y clan.

Estos minerales pueden ser aliados poderosos en el camino hacia el fortalecimiento de la autoconfianza. A través de sus propiedades energéticas y simbólicas, estos minerales nos conectan con nuestra vitalidad interna, la estabilidad emocional y la protección, brindándonos el apoyo necesario para desarrollar una autoconfianza robusta y duradera.

PODER PERSONAL

El poder personal se refiere a nuestra capacidad para influir en nuestra propia vida y en el entorno que nos rodea. Es la fuerza interna que nos impulsa a tomar decisiones, a actuar con determinación y a seguir adelante a pesar de los obstáculos. Este poder es fundamental para vivir una vida auténtica y satisfactoria, y está profundamente ligado a nuestra confianza, autoestima y voluntad.

Un aspecto crucial del poder personal es la responsabilidad sobre nuestras decisiones. No debemos dejar nuestras decisiones en manos de nadie más, porque todo depende de nosotros. Somos los únicos responsables de nuestras acciones y de nuestro destino. Los minerales pueden ser herramientas valiosas para fortalecer este poder interno y ayudarnos a tomar el control de nuestra vida.

Citrino

El citrino es conocido como la piedra del éxito y la abundancia. Su color amarillo brillante refleja su capacidad para iluminar nuestra vida con energía positiva y fortalecer nuestro poder personal. El citrino ayuda a liberar el miedo y la negatividad, promoviendo la autoconfianza, la creatividad y la motivación. Este mineral también está asociado con el tercer chakra, el plexo solar, que es el centro de nuestra fuerza de voluntad y poder personal.

El citrino nos recuerda que somos los creadores de nuestra propia realidad. Al conectarnos con su energía, podemos sentir un aumento en nuestra capacidad para tomar decisiones y actuar con determinación.

- **Celtas**: Para los celtas, el citrino era la representación de la diosa Dana, la madre de los dioses y la abundancia. Se utilizaba en rituales para invocar la prosperidad y la protección.

- **Antigua Grecia**: En la antigua Grecia, el citrino era conocido como una piedra de protección contra el mal y los pensamientos negativos. Se utilizaba en joyería y amuletos para atraer el éxito y la prosperidad.

- **Edad Media**: Durante la Edad Media, el citrino era valorado por su capacidad para atraer la abundancia y el éxito en los negocios. Los comerciantes llevaban citrino para asegurar buenas ventas y protegerse de pérdidas.
- **China Antigua**: En la antigua China, el citrino era considerado una piedra de buena fortuna. Se utilizaba en rituales para atraer la riqueza y el éxito, y se creía que su energía ayudaba a fortalecer el poder personal.

Ojo de Tigre

El ojo de tigre es una piedra poderosa conocida por su capacidad para equilibrar y fortalecer el poder personal. Su combinación de colores dorados y marrones simboliza la conexión entre el poder del sol y la estabilidad de la tierra. El ojo de tigre promueve la claridad mental, la confianza en uno mismo y la determinación. Está asociado con el tercer chakra, el plexo solar, y el primer chakra, el chakra raíz, que son centros de nuestra fuerza de voluntad y estabilidad.

El ojo de tigre nos enseña la importancia de la autoconfianza y la independencia. Nos ayuda a mantenernos firmes en nuestras decisiones y a confiar en nuestra capacidad para superar los desafíos. Es conocido como la piedra de los aventureros, ya que protege a quienes emprenden nuevos caminos y les ayuda a no desviarse del camino elegido.

- **Egipto Antiguo**: En el antiguo Egipto, el ojo de tigre era utilizado como una piedra protectora. Los egipcios creían que el ojo de tigre proporcionaba la visión y la fuerza del tigre, ayudando a las personas a tomar decisiones claras y valientes.

- **Roma Antigua**: Los soldados romanos llevaban ojo de tigre en la batalla para protegerse y aumentar su coraje y fuerza. Se creía que esta piedra les daba la agudeza mental y la determinación necesarias para triunfar.

- **Culturas Asiáticas**: En varias culturas asiáticas, el ojo de tigre era valorado por su capacidad para atraer la buena suerte y la prosperidad. Se utilizaba en amuletos y talismanes para fortalecer el poder personal y proteger contra la mala fortuna.

Ágata

El ágata es conocida por sus propiedades estabilizadoras y su capacidad para fortalecer el poder personal. Este mineral ayuda a equilibrar las energías, promover la autoconfianza y fortalecer la determinación. El ágata está asociada con el primer chakra, el chakra raíz, que es el centro de nuestra seguridad y estabilidad.

El ágata nos recuerda que debemos ser responsables de nuestras propias acciones. Nos da la fuerza para mantenernos firmes en nuestras decisiones y la claridad para seguir nuestro propio camino. Es considerada la piedra de los nuevos comienzos, recordándonos que si cometemos un error, podemos aprender de él, levantarnos y seguir adelante las veces que sea necesario.

- **Mesopotamia Antigua**: En la antigua Mesopotamia, el ágata era valorada por sus propiedades protectoras y curativas. Se utilizaba en amuletos para protegerse contra el mal y fortalecer la salud y el poder personal.

- **Grecia Antigua**: Los antiguos griegos creían que el ágata proporcionaba fuerza y coraje. Era utilizada en joyería y amuletos para proteger y empoderar a quienes la llevaban.

- **Edad Media**: Durante la Edad Media, el ágata era utilizada en rituales de sanación y protección. Se creía que esta piedra fortalecía la voluntad y la autoconfianza, ayudando a las personas a superar desafíos y alcanzar sus metas.

El poder personal es esencial para tomar el control de nuestra vida y enfrentar los desafíos con confianza y determinación. Minerales como el citrino, el ojo de tigre y el ágata pueden ser aliados poderosos en el fortalecimiento de nuestro poder personal. A través de sus propiedades energéticas y simbólicas, estos minerales nos conectan con nuestra fuerza interna, la claridad mental y la estabilidad emocional, brindándonos el apoyo necesario para empoderarnos y alcanzar nuestras metas con éxito.

Recordemos siempre que somos los únicos responsables de nuestras decisiones y nuestro destino. No debemos dejar nuestras decisiones en manos de nadie más. Tomemos el control de nuestra vida y utilicemos nuestro poder personal para crear la realidad que deseamos.

IDENTIDAD

La identidad es un aspecto fundamental de nuestro ser, abarcando nuestra autopercepción, nuestras creencias y nuestro sentido de pertenencia. Una identidad fuerte y clara nos proporciona un sentido de propósito y dirección, mientras que una identidad confusa o fragmentada puede llevar a la inseguridad, el miedo y la pérdida de rumbo. A lo largo de la historia, han existido dos géneros, cada uno con su rol específico dentro del clan, lo cual ha sido crucial para la cohesión y la estabilidad social. Al igual que en el caso de la autoconfianza, ciertos minerales pueden apoyar el desarrollo y la fortaleza de la identidad personal.

Cornalina

La cornalina es conocida por su vibrante color naranja-rojizo y sus propiedades energéticas que fomentan la creatividad, la motivación y la claridad en la autopercepción. Este mineral ayuda a conectarse con el núcleo de uno mismo, promoviendo una identidad sólida y segura. Además, la cornalina es buena para el sistema sexual y los embarazos, apoyando la salud reproductiva y la vitalidad.

La cornalina está asociada con el segundo chakra, el chakra sacro, que es el centro de nuestra creatividad y energía vital. Al equilibrar y activar este chakra, la cornalina ayuda a liberar bloqueos emocionales y a clarificar la autopercepción, lo cual es esencial para desarrollar una identidad fuerte y auténtica.

- **Egipto Antiguo**: En el antiguo Egipto, la cornalina era considerada una piedra de gran poder protector y revitalizante. Era utilizada en amuletos y joyería para protegerse contra el mal y promover la vitalidad y el coraje. La diosa Isis usaba la cornalina para acompañar a los muertos en su viaje al más allá, asegurando que viajaran sin miedos. Los egipcios creían que la cornalina tenía el poder de fortalecer el espíritu y clarificar la identidad.

- **Roma Antigua**: Los romanos valoraban la cornalina por su capacidad para inspirar coraje y acción decisiva. Los soldados romanos llevaban cornalina en sus armaduras para asegurar la protección y la fuerza en la batalla, lo que también reflejaba una identidad fuerte y guerrera.

- **Tradiciones Islámicas**: En la tradición islámica, la cornalina es una piedra sagrada, conocida como "aqeeq". Se cree que el profeta Mahoma usaba un anillo de cornalina, y esta piedra es considerada protectora y benéfica para fortalecer la fe y la identidad espiritual.

Calcita Naranja

La calcita naranja es conocida por su capacidad para energizar y equilibrar las emociones, promoviendo la claridad mental y emocional. Este mineral ayuda a eliminar el miedo y la duda, permitiendo que la verdadera identidad de uno emerja con confianza y claridad.

La calcita naranja está asociada con la alegría, la creatividad y la conexión con uno mismo. Ayuda a liberar bloqueos emocionales y a promover una autopercepción positiva, lo que es crucial para desarrollar una identidad auténtica y segura.

- **Cultura Celta**: Los antiguos celtas utilizaban la calcita naranja en rituales de sanación y protección. Se creía que esta piedra tenía el poder de equilibrar las emociones y clarificar la mente, lo cual ayudaba a fortalecer la identidad y el propósito.

- **China Antigua**: En la medicina tradicional china, la calcita naranja se utilizaba para equilibrar el chi y promover la salud emocional. Se valoraba por su capacidad para aliviar la ansiedad y fomentar una percepción clara y positiva de uno mismo.

Piedra Luna

La piedra luna es conocida por su conexión con la intuición, la introspección y el equilibrio emocional. Este mineral ayuda a conectarse con el yo interior y a comprender mejor los aspectos más profundos de la identidad personal. Además, la piedra luna es beneficiosa para el sistema hormonal, mejora las relaciones amorosas, impulsa el deseo sexual y la fertilidad.

La piedra luna está asociada con el chakra del tercer ojo y el chakra corona, que son centros de la intuición y la sabiduría espiritual. Al equilibrar y activar estos chakras, la piedra luna ayuda a clarificar la autopercepción y a promover una identidad armoniosa y equilibrada.

- **India Antigua**: En la antigua India, la piedra luna era considerada una piedra sagrada, asociada con la diosa de la luna. Se creía que esta piedra tenía el poder de fomentar la intuición y la conexión espiritual, ayudando a las personas a comprender mejor su verdadera identidad.

- **Roma Antigua**: Los romanos creían que la piedra luna era creada a partir de los rayos de la luna. Era utilizada en joyería y amuletos para proteger y guiar a los viajeros, lo que también simbolizaba una guía interna hacia la verdadera identidad.

- **Cultura Aborigen Australiana**: En la cultura aborigen australiana, la piedra luna era utilizada en rituales de conexión espiritual y autoconocimiento. Se creía que esta piedra tenía el poder de revelar los aspectos más profundos del ser y de fortalecer la identidad personal.

- **Grecia Antigua**: La piedra luna también estaba asociada con Hécate, la diosa de la magia y la encrucijada. Se creía que llevar piedra luna ayudaba a recibir la guía y protección de Hécate, facilitando la conexión con lo divino y reforzando la identidad personal.

Minerales como la cornalina, la calcita naranja y la piedra luna pueden ser aliados poderosos en el camino hacia el fortalecimiento de la identidad personal. A través de sus propiedades energéticas y simbólicas, estos minerales nos conectan con nuestra vitalidad interna, la claridad emocional y la sabiduría espiritual, brindándonos el apoyo necesario para desarrollar una identidad sólida y auténtica y que impacte significativamente nuestra vida diaria y nuestra capacidad para comprender nuestro propósito y dirección.

Amor propio

El amor propio es la base de una vida saludable y equilibrada. Es la capacidad de valorarnos, respetarnos y cuidarnos a nosotros mismos. Cuando tenemos amor propio, somos capaces de reconocer nuestra valía y actuar en nuestro mejor interés. Este amor hacia nosotros mismos es fundamental para nuestro bienestar emocional, mental y físico, y está profundamente ligado a nuestra autoestima y autoconfianza. No debemos olvidar que el amor propio puede ser la base de nuestra salud mental.

Los minerales pueden ser aliados poderosos en el fomento del amor propio, ayudándonos a conectar con nuestra esencia y a cultivar una relación saludable con nosotros mismos. Dos minerales destacados en este aspecto son el cuarzo rosa y la turmalina rosa.

Cuarzo Rosa

El cuarzo rosa es conocido como la piedra del amor incondicional. Su suave color rosado emite una energía calmante y amorosa que ayuda a abrir y sanar el corazón. Este mineral promueve el amor propio, la compasión y la paz interior. Está asociado con el cuarto chakra, el chakra del corazón, que es el centro de nuestro amor y conexión emocional.

El cuarzo rosa nos enseña a aceptarnos tal como somos y a tratarnos con la misma compasión y amor que ofrecemos a los demás. Al conectarnos con su energía, podemos sanar heridas emocionales y cultivar una profunda sensación de autovaloración.

- **Egipto Antiguo**: Los antiguos egipcios utilizaban el cuarzo rosa en mascarillas faciales para embellecer la piel y prevenir las arrugas. Creían que este mineral tenía propiedades rejuvenecedoras y promotoras del amor.

- **Grecia y Roma**: En la antigüedad, los griegos y romanos usaban el cuarzo rosa como símbolo del amor y la belleza. Era común regalar piezas de cuarzo rosa a seres queridos como símbolo de amor y afecto.
- **Edad Media**: Durante la Edad Media, se creía que el cuarzo rosa tenía la capacidad de curar enfermedades del corazón y atraer el amor. Se utilizaba en amuletos y talismanes para proteger y sanar el corazón.

Turmalina Rosa

La turmalina rosa es otra piedra poderosa para el amor propio. Su vibrante color rosa emite una energía que fomenta la autocompasión, la sanación emocional y la conexión con el amor incondicional. Al igual que el cuarzo rosa, la turmalina rosa está asociada con el cuarto chakra, el chakra del corazón.

La turmalina rosa ayuda a liberar el estrés y la tensión emocional, permitiéndonos vernos a nosotros mismos con mayor claridad y amor. Nos anima a cuidarnos y a priorizar nuestro bienestar emocional y físico.

- **Culturas Antiguas**: En varias culturas antiguas, la turmalina rosa era valorada por su capacidad para atraer el amor y promover la sanación emocional. Se utilizaba en rituales y ceremonias para invocar el amor incondicional y la paz.

- **China Antigua**: En la antigua China, la turmalina rosa era considerada una piedra de protección y amor. Se creía que protegía a las personas de energías negativas y fomentaba el amor y la compasión.

- **Edad Moderna**: En la actualidad, la turmalina rosa sigue siendo valorada por sus propiedades curativas y de promoción del amor propio. Se utiliza en terapias de sanación y meditación para ayudar a las personas a conectar con su corazón y sanar heridas emocionales.

Estos minerales pueden ser aliados poderosos en el fortalecimiento de este amor hacia nosotros mismos. A través de sus propiedades energéticas y simbólicas, estos minerales nos conectan con nuestra esencia amorosa, nos ayudan a sanar heridas emocionales y a cultivar una relación saludable y amorosa con nosotros mismos.

Recordemos siempre que el amor propio es la base de una vida plena y equilibrada. Al cuidarnos y valorarnos a nosotros mismos, estamos mejor equipados para amar y cuidar a los demás. Utilicemos el poder de estos minerales para fomentar el amor propio y vivir una vida llena de amor y compasión.

EXPRESIÓN

La capacidad de expresarnos libremente es fundamental para nuestro bienestar emocional y mental. A través de la expresión, podemos comunicar nuestras ideas, sentimientos y deseos, lo que nos permite conectarnos con los demás y con nosotros mismos de manera más profunda. La expresión auténtica también fomenta la creatividad, la claridad mental y la autoaceptación.

Algunos minerales pueden ayudar a mejorar nuestra capacidad de expresión, especialmente aquellos asociados con el chakra de la garganta, que es el centro de la comunicación y la autoexpresión. Tres minerales destacados en este aspecto son la aguamarina, la turquesa y la amazonita.

Aguamarina

La aguamarina es conocida como la piedra de la valentía y la comunicación. Su color azul claro evoca la serenidad del agua, promoviendo la calma y la claridad mental. Este mineral está asociado con el chakra de la garganta, ayudando a liberar bloqueos y facilitando la expresión verbal.

La aguamarina fomenta la autoexpresión honesta y la comunicación efectiva, ayudándonos a decir nuestra verdad con claridad y confianza. Al conectarnos con su energía, podemos superar el miedo a ser juzgados y expresarnos con mayor autenticidad.

- **Antigua Roma y Grecia**: Los antiguos romanos y griegos creían que la aguamarina tenía el poder de proteger a los marineros y asegurar viajes seguros por mar. También se pensaba que esta piedra fomentaba la elocuencia y la claridad en la comunicación.

- **Edad Media**: Durante la Edad Media, la aguamarina era utilizada para tratar problemas digestivos e inflamaciones. Hoy se sabe que conecta con las tiroides, y esos son algunos de sus síntomas. Su uso para estos fines sugiere una conexión profunda con la regulación de funciones corporales críticas, como las tiroides, las cuales afectan la digestión y la inflamación.

- **Cultura India**: En la cultura india, la aguamarina es valorada por sus propiedades calmantes y su capacidad para mejorar la comunicación y la autoexpresión.

Turquesa

La turquesa es una piedra protectora y fortalecedora que ha sido valorada por muchas culturas a lo largo de la historia. Su vibrante color azul o verde azulado está asociado con el chakra de la garganta, facilitando la comunicación y la expresión creativa.

La turquesa ayuda a alinear los chakras y a equilibrar las energías, promoviendo una comunicación clara y efectiva. También fomenta la autoaceptación y la autenticidad, permitiéndonos expresarnos con confianza y sin miedo. La turquesa es especialmente útil para la comunicación creativa, ayudándonos a expresarnos de maneras innovadoras y artísticas.

- **Antiguo Egipto**: Los antiguos egipcios valoraban la turquesa por sus propiedades protectoras y curativas. Se utilizaba en amuletos y joyería para proteger contra energías negativas y fomentar la claridad mental.

- **América Nativa**: En las culturas nativas americanas, la turquesa es considerada una piedra sagrada que proporciona protección, poder y suerte. Se utiliza en rituales y ceremonias para fomentar la comunicación y la conexión espiritual.

- **Persia Antigua**: En la antigua Persia, la turquesa era vista como un símbolo de cielo y mar, y se creía que protegía contra el mal y traía buena fortuna.

Amazonita

La amazonita es conocida como la piedra de la esperanza y la verdad. Su color verde o verde azulado promueve la calma y el equilibrio emocional. Este mineral está asociado con el chakra de la garganta y el corazón, facilitando la expresión sincera y la comunicación amorosa.

La amazonita ayuda a liberar bloqueos emocionales y a superar el miedo a la confrontación, permitiéndonos expresar nuestros sentimientos y pensamientos con claridad y confianza. También fomenta la armonía y la comprensión en nuestras relaciones. Además, la amazonita es especialmente buena para ayudarnos a afrontar duelos y cambios, brindando consuelo y apoyo emocional durante momentos difíciles.

- **Amazonas**: La amazonita debe su nombre a las legendarias guerreras amazonas, quienes supuestamente utilizaban esta piedra para adornar sus escudos y curar heridas.

- **Egipto Antiguo**: Los antiguos egipcios utilizaban la amazonita en joyería y talismanes para promover la verdad y la armonía. La piedra fue encontrada en la tumba del faraón Tutankamón, lo que indica su importancia en la cultura egipcia.

- **Edad Moderna**: En la actualidad, la amazonita es valorada por sus propiedades calmantes y su capacidad para mejorar la comunicación y la autoexpresión. Se utiliza en terapias de sanación y meditación para ayudar a las personas a conectar con su verdad interior.

La capacidad de expresarnos libremente es esencial para nuestro bienestar y felicidad. A través de las propiedades energéticas y simbólicas de estos minerales, estos nos ayudan a liberar bloqueos, a superar el miedo a ser juzgados y a expresarnos con mayor autenticidad y confianza.

Recordemos siempre que la expresión auténtica es fundamental para nuestra salud mental y emocional. Al utilizar el poder de estos minerales, podemos mejorar nuestra comunicación, conectarnos con nuestra verdad interior y vivir una vida más plena y equilibrada.

ESPIRITUALIDAD, LIBERTAD Y PAZ INTERIOR

La espiritualidad y la libertad están profundamente interconectadas, y se manifiestan a través de la apertura de nuestro tercer ojo, el centro de nuestra intuición y percepción superior. El tercer ojo, o chakra Ajna, es fundamental para nuestra capacidad de ver más allá de lo evidente y conectarnos con niveles más profundos de existencia. Algunos minerales que pueden ayudar en este aspecto son la amatista, la malaquita y el lapislázuli.

La paz interior es esencial para nuestro bienestar emocional y espiritual. Al dejar de luchar contra los pensamientos y emociones negativas, podemos liberarnos de nuestros demonios internos y abrirnos a la sabiduría del universo. La práctica de la calma y la aceptación nos permite escuchar con claridad y comprender las lecciones que la vida nos ofrece. Algunos minerales que pueden ayudarnos en este proceso son la amatista, la fluorita, la malaquita y el lapislázuli.

Amatista

La amatista es conocida como una piedra de protección y purificación. Su color violeta está asociado con el chakra del tercer ojo y el chakra corona, facilitando la meditación, la intuición y la conexión espiritual. Además de ser un cuarzo protector, la amatista es considerada la piedra de los sanadores. Ayuda en la superación de desafíos emocionales y espirituales, promoviendo la renovación y el crecimiento personal.

La amatista ayuda a calmar la mente y a reducir el estrés, permitiendo un estado de conciencia más elevado. Promueve la sabiduría espiritual y la percepción intuitiva, ayudándonos a acceder a nuestra guía interna y a explorar el mundo espiritual con claridad.

- **Grecia Antigua**: Los antiguos griegos creían que la amatista tenía el poder de prevenir la embriaguez y la utilizaban en copas de vino y amuletos.

- **Cristianismo Medieval**: En la Edad Media, la amatista era vista como un símbolo de piedad y humildad, y era utilizada por clérigos y religiosos para fomentar la claridad espiritual y la devoción.

- **Cultura Tibetana**: En el Tíbet, la amatista es considerada una piedra sagrada para el Buda y se utiliza en rosarios y meditación para alcanzar un estado de paz interior.

Malaquita

La malaquita es una piedra de transformación y protección. Su vibrante color verde está asociado con el chakra del corazón y el tercer ojo, ayudando a abrir la mente a nuevas perspectivas y a eliminar bloqueos emocionales.

La malaquita permite ver más allá de nuestros propios prejuicios, facilitando una comprensión más profunda de nosotros mismos y del mundo que nos rodea. Además, es conocida por sus propiedades curativas y es utilizada en productos dermatológicos por sus beneficios para la piel. La malaquita conecta con la glándula pineal, que produce melatonina, una hormona que desinflama, desintoxica y regenera, subrayando la capacidad del cuerpo para regenerarse.

- **Egipto Antiguo**: Los antiguos egipcios utilizaban la malaquita en amuletos y joyería, creyendo que protegía contra el mal y facilitaba la curación.

- **Edad Media**: Hildegarda de Bingen, una santa y médica medieval, mencionaba la malaquita en sus escritos, destacando sus propiedades curativas y espirituales.

- **Civilizaciones Antiguas**: Diversas culturas antiguas, como los griegos y los romanos, utilizaban la malaquita en sus rituales y prácticas de sanación.

Lapislázuli

El lapislázuli es una piedra de sabiduría, intuición y verdad. Su profundo color azul, salpicado de inclusiones doradas de pirita, está asociado con el tercer ojo y el chakra de la garganta, facilitando la comunicación y la percepción espiritual.

El lapislázuli ayuda a abrir el tercer ojo, promoviendo la visión interior y la introspección. También fomenta la autoexpresión y la claridad mental, permitiéndonos comunicar nuestra verdad con autenticidad y confianza. En el antiguo Egipto, los sacerdotes usaban collares de lapislázuli con el símbolo de la diosa Ma'at, la diosa de la verdad y la justicia. Estos collares les ayudaban a abrirse al conocimiento del universo y a mantenerse en armonía con las leyes cósmicas.

- **Egipto Antiguo**: Los antiguos egipcios valoraban el lapislázuli por su color y su asociación con el cielo y los dioses. Era utilizado en joyería, amuletos y decoración funeraria, y se creía que tenía el poder de proporcionar visión espiritual y protección.

- **Mesopotamia**: En la antigua Mesopotamia, el lapislázuli era considerado una piedra de los dioses y era utilizado en templos y rituales sagrados.

- **Renacimiento Europeo**: Durante el Renacimiento, el lapislázuli era molido para crear un pigmento azul ultramarino utilizado en pinturas, simbolizando el cielo y lo divino.

Fluorita

La fluorita es conocida como la "piedra del genio" debido a su capacidad para aumentar la claridad mental y la concentración. Su energía calmante ayuda a estabilizar las emociones y a liberar el estrés, permitiéndonos enfrentar nuestros miedos y demonios internos con serenidad.

La fluorita promueve la paz interior al ordenar los pensamientos y disipar la confusión mental. Al trabajar con esta piedra, podemos escuchar mejor las señales del universo y abrirnos al conocimiento sin prejuicios.

- **China Antigua**: La fluorita se utilizaba en China para tallar objetos decorativos y rituales, y se creía que tenía propiedades protectoras y curativas.
- **Roma Antigua**: Los romanos usaban la fluorita para hacer copas y vasijas, creyendo que tenía el poder de prevenir la embriaguez y promover la claridad mental.

La apertura del tercer ojo y la conexión con nuestra espiritualidad nos permiten ver más allá de lo físico y acceder a niveles superiores de conciencia y libertad. Estos minerales son poderosas herramientas en este viaje de exploración espiritual y autoconocimiento. Al trabajar con estas piedras, podemos abrir nuestra mente y nuestro corazón a nuevas perspectivas, liberar bloqueos emocionales y conectar con nuestra intuición y sabiduría interior.

Recordemos que la espiritualidad y la libertad son caminos personales y únicos. Al utilizar el poder de estos minerales, podemos profundizar en nuestra práctica espiritual, fortalecer nuestra intuición y vivir una vida más consciente y equilibrada.

CREAR NUESTRA PROPIA REALIDAD

Ahora que hemos comprendido que todo en el universo es energía, incluyendo nuestros pensamientos y emociones, podemos utilizar este conocimiento para crear nuestra propia realidad.

La energía de nuestros pensamientos y emociones tiene el poder de influir en nuestro entorno y en nuestras experiencias de vida. Al fortalecer nuestro poder personal, incrementar nuestra autoconfianza y cultivar la felicidad, podemos manifestar la realidad que deseamos.

Cada pensamiento que tenemos y cada emoción que sentimos emiten una vibración energética. Estas vibraciones interactúan con el campo energético del universo, atrayendo experiencias y situaciones que resuenan con nuestra energía. Por lo tanto, es crucial ser conscientes de la energía que emitimos a través de nuestros pensamientos y emociones.

- La Ley de la Atracción, una filosofía popularizada por autores como Rhonda Byrne en "El Secreto", sugiere que nuestros pensamientos y emociones tienen el poder de atraer experiencias similares. Esta ley se basa en la idea de que lo similar atrae a lo similar.

- En el ámbito de la ciencia, la física cuántica ha demostrado que los observadores influyen en la realidad que observan. Experimentos como el de la doble rendija han mostrado que las partículas subatómicas cambian su comportamiento en función de la observación humana, sugiriendo que la conciencia puede afectar la realidad física.

La felicidad es una poderosa vibración que atrae más alegría y satisfacción a nuestras vidas. Al enfocarnos en lo que nos hace felices y agradecidos, podemos elevar nuestra energía y atraer experiencias positivas.

La felicidad no reside en nuestro trabajo, nuestra pareja, ni siquiera en nuestros hijos. Aunque estos aspectos pueden aportar alegría y satisfacción, la verdadera felicidad no se encuentra fuera de nosotros. La felicidad genuina y duradera está dentro de cada uno de nosotros. Es el proceso de descubrir y escuchar nuestro corazón, y seguirlo fielmente.

Al descubrir y escuchar nuestro corazón, aprendemos a reconocer nuestras verdaderas pasiones y deseos. Este autoconocimiento nos permite vivir de manera auténtica, alineando nuestras acciones con nuestros valores y aspiraciones más profundos.

Escuchar nuestro corazón significa prestar atención a nuestras intuiciones y sentimientos más profundos. Es un acto de valentía que requiere confianza en nosotros mismos y en nuestras capacidades. Al seguir nuestro corazón, tomamos decisiones que reflejan nuestra verdadera esencia, lo que nos lleva a una vida más auténtica y satisfactoria.

Filósofos como Sócrates y Platón enfatizaron la importancia del conocimiento propio como un camino hacia la verdadera felicidad. Para ellos, la introspección y la alineación con los valores internos eran claves para una vida plena.

En el budismo, la felicidad se encuentra en la mente y en la práctica del desapego de los deseos y apegos externos. La meditación y la autoobservación son prácticas centrales para descubrir la paz y la felicidad internas.

Es fundamental reconocer que somos seres espirituales viviendo una experiencia humana en un cuerpo físico. Esta comprensión nos permite ver más allá de las limitaciones físicas y acceder a una fuente de sabiduría y poder internos. Al conectar con nuestra esencia espiritual, podemos guiar nuestras vidas con una perspectiva más amplia y profunda, y así crear una realidad más armoniosa y alineada con nuestro propósito verdadero.

CONVERTIR LO NEGATIVO EN POSITIVO

Nuestro cuerpo y mente deben aprender a convertir lo negativo en positivo. La tristeza puede transformarse en alegría, la angustia en tranquilidad, los problemas en soluciones, y la carencia en abundancia. Esta capacidad de transmutar emociones y situaciones adversas en oportunidades y experiencias positivas es clave para vivir una vida plena y satisfactoria.

Estrategias para la Transmutación

1. **Prácticas de meditación y Mindfulness**: Estas técnicas nos ayudan a observar nuestras emociones sin juicio y a desarrollar una mayor conciencia de nuestros patrones de pensamiento.

2. **Reformulación cognitiva**: Consiste en reinterpretar situaciones negativas de manera que podamos verlas como oportunidades para el crecimiento y el aprendizaje.

3. **Gratitud**: Practicar la gratitud nos ayuda a enfocarnos en los aspectos positivos de nuestras vidas, transformando nuestra perspectiva y elevando nuestra vibración energética.

Visualización y creación de realidad

La visualización es una herramienta poderosa para manifestar nuestras metas y sueños. Al visualizar los problemas ya solucionados y las metas alcanzadas, cambiamos nuestra energía y atraemos las soluciones y oportunidades necesarias para hacer esos cambios realidad.

- **Ver problemas o Ver oportunidades**: Si ves problemas, crearás más problemas. Si ves oportunidades, encontrarás soluciones. Debemos visualizar los problemas ya solucionados como una forma efectiva de hacer el cambio.

- **Visualizar una vida feliz y exitosa**: Al visualizar una vida feliz, exitosa y radiante, estamos creando la energía necesaria para atraer esa realidad. De esta forma, comenzamos a crear abundancia en nuestras vidas.

Hay muchos métodos para alcanzar tu propia realidad, y todos son válidos. Aquí te presentamos solo un ejemplo. Lo importante es que busques tu propio método, creas en él y lo sientas desde tu corazón.

1. **Define con exactitud lo que quieres atraer**: Sé claro y específico sobre lo que deseas manifestar en tu vida. Cuanto más preciso seas, mejor podrás enfocar tu energía.

2. **Visualiza**: Imagina que ya has alcanzado tu objetivo. Visualiza con detalle cómo te sientes, qué estás haciendo y quiénes te rodean. Usa todos tus sentidos para hacer la visualización lo más vívida posible.

3. **Medita todos los días**: Dedica de 5 a 10 minutos diarios a la meditación. Durante este tiempo, enfócate en visualizar tu objetivo alcanzado. Pon emoción en tu visualización y agradece como si ya lo hubieras logrado.

4. **Crea tu plan de acción**: Establece un plan concreto para alcanzar tu objetivo. Esto incluye estudiar, buscar contactos y cualquier otra acción necesaria. Comprométete con tu plan.

5. **Da pasos hacia tu nueva realidad**: Comienza a tomar acciones diarias que te acerquen a tu objetivo. Cree firmemente que cada paso te lleva más cerca de la realidad que deseas crear.

Piedras como el citrino, la pirita, el lapislázuli, el ojo de tigre, la amatista o la malaquita pueden ser aliados poderosos en el proceso de creación de nuestra realidad. Estas piedras tienen propiedades energéticas que pueden ayudarnos a mantener un estado mental y emocional positivo, a reforzar nuestra autoconfianza y a conectar con nuestra esencia espiritual. Utilizar estos minerales en nuestra vida diaria puede proporcionarnos el apoyo adicional que necesitamos para manifestar nuestros deseos y alcanzar nuestras metas.

Crear nuestra propia realidad es un proceso consciente que implica utilizar el poder de nuestros pensamientos y emociones para manifestar nuestras metas y deseos. Al fortalecer nuestro poder personal, incrementar nuestra autoconfianza y cultivar la felicidad, podemos dirigir nuestra energía hacia la creación de una vida plena y satisfactoria.

La felicidad auténtica no se encuentra en las posesiones materiales, el éxito profesional, ni en las relaciones externas. Está dentro de cada uno de nosotros, esperando ser descubierta y nutrida. Al escuchar nuestro corazón y seguirlo, podemos vivir de manera auténtica y plena. Al comprender que la felicidad está dentro de nosotros, nos empoderamos para crear una vida llena de alegría y satisfacción, independientemente de las circunstancias externas. Al aprender a convertir lo negativo en positivo, podemos transformar nuestras vidas y manifestar la realidad que verdaderamente deseamos.

PROPIEDADES PIEZOELÉCTRICAS

Desde la antigüedad, la humanidad ha explorado los misterios de los minerales y sus propiedades únicas.

Teofrasto, un filósofo y naturalista griego del siglo IV a. C., escribió extensamente sobre los minerales en su obra *Peri Lithon* (Sobre las piedras), en la que describió sus características físicas y propiedades. Entre sus observaciones más notables, describió un fenómeno curioso al calentar la turmalina: el mineral adquiría la capacidad de atraer partículas ligeras, como cenizas o fragmentos de paja, debido a la generación de una carga eléctrica en su superficie. Aunque Teofrasto no entendía la naturaleza eléctrica de este efecto, su experimento destaca como una de las primeras aproximaciones a la investigación de las propiedades físicas de los minerales.

Por otro lado, la alquimia medieval buscó comprender las "propiedades ocultas" de los materiales. Los alquimistas no solo estudiaron los minerales como el cuarzo y la turmalina, sino que también llevaron a cabo experimentos para explorar sus reacciones con otros elementos. Aunque su enfoque estaba impregnado de misticismo, sus métodos experimentales anticiparon el enfoque empírico de la ciencia moderna.

Este legado se conectó siglos después con el descubrimiento científico de Jacques y Pierre Curie en 1880. Ellos observaron que ciertos cristales, como el cuarzo y la turmalina, generaban una carga eléctrica, fenómeno conocido como piezoelectricidad. Este hallazgo transformó el entendimiento de los minerales y marcó un avance crucial en la física de los materiales.

Mientras que Teofrasto y los alquimistas se fascinaban con los aspectos visibles y espirituales de los cristales, los Curie llevaron esa fascinación al terreno de la ciencia experimental. Hoy en día, la piezoelectricidad tiene aplicaciones que abarcan desde los sensores modernos hasta la tecnología ultrasónica, un tributo a la combinación del asombro antiguo y el rigor científico moderno.

El descubrimiento de las propiedades piezoeléctricas no solo transformó la ciencia de los materiales, sino que también reveló fenómenos relacionados con la emisión de iones negativos. Los cristales piezoeléctricos, como el cuarzo y la turmalina, generan una carga eléctrica. Este fenómeno puede provocar la liberación de electrones que interactúan con moléculas de aire, creando iones negativos.

La turmalina y los cuarzos, son conocidos por su capacidad de emitir iones negativos, gracias a su estructura molecular única. Estos iones negativos son valorados por sus efectos beneficiosos, como la purificación del aire, la reducción de alérgenos y la mejora del bienestar general. En este sentido, las propiedades piezoeléctricas de los cristales no solo tienen aplicaciones tecnológicas, sino también un impacto directo en la calidad del entorno humano, vinculando de manera fascinante la ciencia con la salud y el bienestar.

Los iones negativos juegan un papel crucial en la protección y el bienestar. Estos iones son átomos o moléculas que han ganado electrones, lo que les da una carga negativa. Se encuentran abundantemente en la naturaleza, especialmente en áreas cercanas a cascadas, bosques y playas.

Beneficios de los Iones Negativos

1. **Mejoran el estado de ánimo y reducen el estrés:** Los iones negativos han demostrado tener efectos positivos en el estado de ánimo y el bienestar mental. Estudios han encontrado que la exposición a iones negativos puede reducir los niveles de estrés y ansiedad, mejo-

rar el estado de ánimo y aumentar los niveles de serotonina, la hormona del bienestar.

2. **Aumentan la energía y la alerta mental:** La exposición a ambientes ricos en iones negativos puede mejorar la energía y la alerta mental. Esto es particularmente útil en entornos de trabajo o estudio donde se requiere concentración y productividad.

3. **Refuerzan el sistema inmunológico:** Los iones negativos pueden fortalecer el sistema inmunológico, ayudando al cuerpo a combatir enfermedades y a recuperarse más rápidamente.

4. **Reducción de los iones positivos nocivos:** En contraste, los iones positivos, que se encuentran en mayor cantidad en áreas urbanas y alrededor de dispositivos electrónicos, pueden tener efectos perjudiciales para la salud, contribuyendo a problemas como el estrés, la fatiga y los dolores de cabeza. Las turmalinas, al emitir iones negativos, ayudan a neutralizar estos efectos.

Cómo Descargar Iones Positivos

Para reducir la acumulación de iones positivos en el cuerpo y promover el bienestar general, se pueden realizar actividades que permitan la conexión con la tierra y la naturaleza, como:

1. **Caminar descalzo:** Caminar descalzo sobre la tierra, la hierba o la arena ayuda a "descargar" los iones positivos del cuerpo y absorbe iones negativos de la tierra. Este proceso, conocido como "earthing" o "grounding," puede mejorar el estado de ánimo y reducir el estrés.

2. **Abrazar árboles:** Abrazar un árbol no solo proporciona una sensación de conexión con la naturaleza, sino que también permite la transferencia de iones negativos, promoviendo la calma y el bienestar emocional.

3. **Pasar tiempo en la naturaleza:** Estar al aire libre, especialmente en áreas con abundante vegetación y agua, puede aumentar la exposición a iones negativos y mejorar el bienestar general.

CÓMO ELEGIR UN MINERAL

La elección de un mineral no es simplemente una cuestión de seleccionar uno de una lista basada en sus propiedades. En realidad, es un proceso mucho más profundo e intuitivo. De hecho, podríamos decir que no somos nosotros quienes elegimos los minerales, sino que ellos nos eligen a nosotros. Este concepto puede parecer sorprendente al principio, pero se basa en la idea de que todo en el universo está interconectado y que hay una sincronía natural entre nosotros y los minerales.

Debemos confiar en nosotros mismos y en nuestra intuición cuando se trata de seleccionar un mineral. Cuando permitimos que nuestra intuición guíe nuestras elecciones, el mineral que nos elija será el que mejor nos pueda ayudar en ese momento particular de nuestra vida. Esto se debe a que los minerales tienen una vibración energética que puede resonar con nuestras necesidades emocionales, físicas y espirituales.

Muchos minerales tienen características y propiedades en común. Por ejemplo, varias piedras pueden ayudarnos a mejorar nuestra autoconfianza, reducir el estrés o aumentar nuestra creatividad. Por lo tanto, el mineral que nos elija será el que más resuene con nuestra energía en ese momento, proporcionándonos el apoyo específico que necesitamos.

Aquí hay algunos pasos prácticos para permitir que los minerales nos elijan:

1. **Relajación y meditación**: Antes de elegir un mineral, tómate un momento para relajarte y despejar tu mente. Medita durante unos minutos para conectarte con tu interior y calmar tus pensamientos.

2. **Intuición y sensación**: Al estar frente a una colección de minerales, observa cuál de ellos te atrae más. No te preocupes por su apariencia o propiedades; simplemente permítete sentir cuál te llama la atención.

3. **Conexión física**: Si es posible, sostén el mineral en tu mano. Observa cómo te hace sentir. ¿Sientes alguna calidez, vibración o sensación de paz? La respuesta de tu cuerpo puede ser una señal de que este mineral es el adecuado para ti.

4. Confianza en la elección: Confía en que el mineral que te ha atraído es el que necesitas en este momento. No dudes de tu intuición; los minerales tienen una manera de encontrar a las personas que más pueden beneficiarse de sus propiedades.

Supongamos que estás buscando un mineral para ayudarte con el estrés y la ansiedad. Podrías investigar sobre varias piedras como la amatista, el cuarzo rosa o la turmalina negra, todas conocidas por sus propiedades calmantes. Sin embargo, cuando te encuentras en una tienda de minerales o mirando una colección en línea, sientes una atracción inexplicable hacia la amatista.

Aunque sabes que otras piedras también pueden ayudar con el estrés, decides seguir tu intuición y eliges la amatista. Más adelante, podrías descubrir que la amatista no solo te ayuda a calmar tu mente, sino que también mejora tu capacidad de meditación y conexión espiritual, aspectos que no habías considerado inicialmente, pero que resultan ser muy beneficiosos para ti.

Entonces pues, permitir que los minerales nos elijan, nos abre a una experiencia más profunda y personal con el mundo mineral.

Al confiar en nuestra intuición y en el proceso natural de selección, podemos encontrar los minerales que verdaderamente resonarán con nosotros y nos proporcionarán el apoyo que necesitamos. Esta conexión intuitiva nos recuerda que estamos siempre guiados y apoyados por las energías sutiles del universo.

LIMPIEZA Y CARGA DE MINERALES ENERGÉTICAMENTE

Los minerales, a lo largo del tiempo, absorben energías de su entorno y de las personas con las que entran en contacto. Por ello, es crucial limpiar y recargar estos minerales periódicamente para mantener sus propiedades curativas y energéticas. Aquí te explico algunos métodos comunes y efectivos para la limpieza y carga de minerales:

MÉTODOS DE LIMPIEZA

1. *Agua corriente*

- **Descripción:** Coloca el mineral bajo agua corriente durante unos minutos.
- **Usos:** Este método es efectivo para limpiar la energía negativa acumulada. Sin embargo, evita usarlo con minerales que son solubles en agua, como la selenita o el yeso.

2. Luz solar y luz lunar

- **Descripción:** Coloca los minerales a la luz del sol o de la luna durante varias horas.
- **Usos:** La luz solar es energizante y purificadora. La luz de la luna, especialmente la luna llena, es suave y purificadora.

3. Incienso e hierbas

- **Descripción:** Pasa el mineral a través del humo de incienso, salvia, palo santo u otras hierbas purificadoras.
- **Usos:** Este método es suave y efectivo para todos los tipos de minerales, eliminando la energía negativa y recargándolos con energía positiva.

4. Tierra

- **Descripción:** Enterrar el mineral en la tierra durante al menos 24 horas.
- **Usos:** La tierra es una poderosa limpiadora y recargadora de energías, especialmente adecuada para minerales que necesitan una purificación pro-

funda. Asegúrate de marcar el lugar donde lo entierras.

5. *Vibración*

- **Descripción:** Usa cuencos tibetanos, campanas, tambores u otros instrumentos de sonido para limpiar la energía de los minerales.
- **Usos:** Las vibraciones del sonido disuelven la energía negativa y reequilibran el campo energético del mineral.

Métodos de Carga

1. *Luz solar y luz lunar*

- **Descripción:** Además de limpiar, la luz solar y lunar también recargan los minerales.

2. *Minerales*

- **Descripción:** Coloca el mineral junto a cuarzos o amatista e incluso la selenita.
- **Usos:** Estos minerales tienen la capacidad de recargar y amplificar las energía de otros minerales. Colocar-

los juntos durante unas horas o toda la noche permite que las energías se transfieran.

3. *Meditación e intención*

- **Descripción:** Sostén el mineral en tus manos y medita, enfocando tu intención en recargar y purificar el mineral.
- **Usos:** La energía de la intención y la meditación puede ser extremadamente poderosa para recargar minerales.
- **Frecuencia de limpieza y carga:** Limpia y recarga tus minerales regularmente, especialmente después de usarlos en sesiones de sanación o cuando notes que han perdido su brillo o eficacia.

Mantener tus minerales limpios y cargados no solo preserva su belleza física, sino que también asegura que puedan seguir ofreciendo sus beneficios energéticos y curativos de manera efectiva.

NOTA: Agua con Sal

No recomendamos este método, ya que muchos minerales pueden ser dañados por la sal, y los engarces de metal o plata también pueden sufrir con ella.

LAS TURMALINAS

Variedades y Colores

La turmalina es un grupo de minerales compuesto por elementos como el boro, el silicio y el aluminio. Todas las turmalinas tienen propiedades piezoeléctricas. Se distingue por su amplia gama de colores, que provienen de las diferentes combinaciones de elementos en su estructura. Existen al menos 32 colores distintos de turmalina, incluyendo:

- **Turmalina negra (Chorlo):** La más común, conocida por su capacidad para proteger contra energías negativas.

  Protege contra las energías. Emite iones negativos que contrarrestan los positivos, ayudando a equilibrar el ambiente.

  Fomenta la conexión a tierra, proporciona estabilidad emocional y reduce el estrés y la ansiedad.

  Comúnmente utilizada en amuletos y dispositivos de protección personal.

- **Turmalina verde (Verdelita):** Asociada con la curación y el equilibrio emocional.

  Estimula el sistema inmunológico y mejora la energía física.

  Promueve la curación y el equilibrio emocional, aumentando la compasión y la ternura.

  Ideal para la meditación y la sanación holística.

- **Turmalina roja (Rubelita):** Promueve la vitalidad y el amor propio.

  Incrementa la vitalidad y la energía física.

  Fomenta el amor y la pasión, equilibrando las emociones y reduciendo la ansiedad.

  Utilizada para estimular el corazón y fortalecer la voluntad y el coraje.

- **Turmalina azul (Indicolita):** Mejora la comunicación y la intuición.

  Mejora la salud pulmonar y equilibra el sistema inmunológico.

  Mejora la comunicación y la expresión personal, facilitando la autoexploración y el crecimiento espiritual.

Utilizada para la meditación y la mejora de habilidades comunicativas.

- **Turmalina sandía:** Una combinación de verde y rosa, simbolizando el amor y la alegría.

  Apoya el sistema inmunológico y fomenta el equilibrio físico.

  Simboliza el amor y la alegría, equilibrando el chakra del corazón y promoviendo el bienestar emocional.

  Ideal para la sanación emocional y la promoción de relaciones armoniosas

- **Turmalina rosa:** Conocida por fomentar el amor y la compasión.

  Mejora la circulación y equilibra el sistema endocrino.

  Promueve el amor propio y la compasión, ayudando a sanar el corazón emocionalmente.

  Utilizada en terapias de sanación emocional y para fomentar relaciones armoniosas.

- **Turmalina marrón (Dravita):** Proporciona conexión a tierra y estabilidad.

Ayuda en la desintoxicación y fortalece el sistema digestivo.

Proporciona estabilidad emocional y conexión a tierra, ayudando a resolver conflictos internos.

Utilizada para el arraigo y la estabilización emocional en situaciones estresantes.

- **Turmalina amarilla:** Estimula la creatividad y la confianza.

Estimula el sistema digestivo y mejora el metabolismo.

Fomenta la creatividad, la autoconfianza y la claridad mental.

Utilizada para aumentar la motivación y la concentración, ideal para el trabajo creativo y el estudio.

Las turmalinas han sido apreciadas a lo largo de la historia en diversas culturas:

Los egipcios creían que la turmalina había viajado por un arco iris, absorbiendo todos sus colores, lo que explica su diversidad cromática.

Los emperadores chinos valoraban la turmalina roja (rubelita) y a menudo intercambiaban pueblos enteros por una pieza de este mineral.

En la India, las turmalinas eran utilizadas en ceremonias religiosas y se creía que tenían el poder de proporcionar protección espiritual.

La turmalina fue introducida en Europa en el siglo XVIII y se convirtió en un talismán popular para protegerse contra energías negativas y atraer prosperidad.

La turmalina negra se ha utilizado en la industria de las armas debido a su dureza y resistencia. Además, sus propiedades piezoeléctricas la hacen útil en la fabricación de dispositivos electrónicos, como micrófonos y medidores de presión.

.Las turmalinas son minerales versátiles y poderosos, apreciados tanto por sus diversas aplicaciones tecnológicas como por sus beneficios espirituales y emocionales. Su capacidad para emitir iones negativos y contrarrestar los efectos de los iones positivos es una de las razones por las que se consideran protectoras y benéficas para la salud y el bienestar.

LOS CUARZOS

El cuarzo es uno de los minerales más abundantes y diversos en la corteza terrestre. Se encuentra en una variedad de formas, colores y tamaños, y ha sido valorado a lo largo de la historia por sus propiedades piezoeléctricas, físicas y energéticas. En este capítulo, exploraremos los tres grandes grupos en los que se clasifica el cuarzo: fanero-cristalinos, cripto-cristalinos y sílice amorfa. Además, analizaremos los tipos de cristalización.

Tipos de Cristalización del Cuarzo

Cuarzos Fanero-Cristalinos

Los cuarzos fanero-cristalinos son aquellos que presentan cristales visibles a simple vista. Estos cuarzos tienen una estructura cristalina bien definida y se pueden encontrar en una variedad de colores y formas. Algunos ejemplos destacados incluyen:

- **Cuarzo transparente (Cristal de roca):** Este es el tipo de cuarzo más conocido, caracterizado por su transparencia y pureza. Se utiliza ampliamente en joyería y como piedra curativa.

- **Amatista:** Una variedad de cuarzo de color púrpura, conocida por sus propiedades calmantes y protectoras. La amatista ha sido utilizada desde tiempos antiguos en joyería y como talismán.

- **Cuarzo citrino:** De color amarillo a marrón, el citrino es apreciado por sus supuestas propiedades energéticas y su capacidad para atraer prosperidad y éxito.

Cuarzos Cripto-Cristalinos

Los cuarzos cripto-cristalinos están compuestos por cristales tan pequeños que no son visibles a simple vista. Este grupo incluye una variedad de minerales que presentan texturas y colores únicos. Ejemplos comunes son:

- **Ágata:** Con bandas de colores, el ágata es una variedad popular utilizada en joyería y decoración. Cada ágata tiene patrones únicos, lo que las hace especialmente apreciadas.

- **Jaspe:** Este cuarzo opaco viene en una amplia gama de colores y se utiliza tanto en la ornamentación como en la curación..

Sílice amorfosa

La sílice amorfa es una forma de cuarzo que no tiene estructura cristalina. A diferencia de los cuarzos fanero-cristalinos y criptocristalinos, la sílice amorfa se encuentra en formas que no presentan cristales visibles. Ejemplos incluyen:

- **Ópalo:** Un mineral de sílice amorfa que puede exhibir un juego de colores iridiscentes. Es muy valorado en joyería y coleccionismo.

REFERENCIAS CIENTÍFICAS E HISTÓRICAS

1. **Descubrimiento de la Piezoelectricidad:** Pierre y Jacques Curie descubrieron que el cuarzo podía generar una carga eléctrica. Este descubrimiento sentó las bases para muchas aplicaciones modernas de la piezoelectricidad.

2. **Uso en tecnología:** Los osciladores de cuarzo, que aprovechan las propiedades piezoeléctricas del cuarzo, se utilizan en relojes, radios y otros dispositivos electrónicos para mantener el tiempo y la frecuencia precisos.

3. Aplicaciones médicas: La piezoelectricidad del cuarzo también se utiliza en dispositivos médicos, como los ultrasonidos, donde las ondas sonoras generadas por el cuarzo pueden ayudar en diagnósticos y tratamientos.

Amatista

- **Sanación física:** Se utiliza para tratar dolores de cabeza, insomnio y problemas con el sistema endocrino. Tiene efectos beneficiosos en la purificación de la sangre y la regeneración celular.
- **Propiedades piezoeléctricas:** Libera iones negativos que contrarrestan los iones positivos nocivos, proporcionando un ambiente limpio y energéticamente equilibrado.
- **Calma y relajación:** Ayuda a reducir el estrés y la ansiedad, promoviendo la paz interior y la meditación profunda.
- **Protección energética:** Protege contra las energías negativas y la mala suerte, favoreciendo la claridad mental y la toma de decisiones.

Santa Hildegarda: Usaba amatista para la curación y la protección.

- **Leyendas:** Asociada con la superación de adicciones y conocida como la "piedra de los sanadores".

CITRINO

- **Energía y vitalidad:** Favorece la digestión, el metabolismo y el sistema inmunológico. Es conocido por su capacidad para aumentar la energía y la resistencia física.

- **Abundancia y prosperidad:** Atrae la riqueza y el éxito, siendo conocido como la "piedra del comerciante".

- **Confianza y autoestima:** Promueve la seguridad en uno mismo y la expresión personal, eliminando miedos y fobias.

- **Soldados celtas:** Usaban broches de citrino como símbolo de protección y valor.

CUARZO ROSA

- **Salud cardiovascular:** Ayuda en la circulación sanguínea y el fortalecimiento del corazón.

- **Calma y reposo:** Beneficia la piel, especialmente en el tratamiento de arrugas y problemas cutáneos.

- **Amor y compasión:** Fomenta el amor propio y la paz interior, curando heridas emocionales y facilitando la liberación del dolor y las emociones reprimidas.

- **Relaciones:** Mejora las relaciones personales y familiares, promoviendo la armonía y el entendimiento.

- **Antiguas civilizaciones:** Usado en Egipto y Roma para embellecer la piel y como símbolo de amor.

Cuarzo Jacinto

- **Fortaleza y vitalidad:** Apoya la salud del sistema reproductivo y fortalece el cuerpo físico en general.

- **Crecimiento personal:** Ayuda a superar bloqueos y a encontrar un propósito en la vida.

- **Protección:** Protege contra energías negativas y peligros, proporcionando una sensación de seguridad y estabilidad.

- **Cultura antigua:** Utilizado en joyería y como amuleto de protección en diferentes culturas.

CUARZO HEMATOIDE

- **Regeneración y purificación:** Beneficia la desintoxicación del cuerpo y el fortalecimiento del sistema inmunológico.
- **Conexión a Tierra:** Ayuda a mantenerse centrado y conectado a la tierra, equilibrando las energías del cuerpo.
- **Claridad mental:** Facilita la concentración y el enfoque, reduciendo la distracción y la confusión.
- **Usos antiguos:** Asociado con la sangre y la vitalidad, usado en rituales de sanación y protección.

CUARZO RUTILADO

El cuarzo rutilado es una variedad de cuarzo que contiene inclusiones de rutilo, que son hebras doradas, plateadas, o rojizas que parecen hilos o agujas dentro del cristal. Estas inclusiones le dan un aspecto único y distintivo, y se cree que aumentan sus propiedades energéticas.

- **Amplificación de energías:** Se dice que el cuarzo rutilado potencia la energía del cuarzo y de cualquier otro mineral con el que se combine. Es ideal para fortalecer la energía de sanación y para meditar.

- **Claridad mental:** Ayuda a disipar miedos, ansiedades y fobias, promoviendo la claridad mental y la capacidad de tomar decisiones.

- **Energía vital:** Promueve la vitalidad y la energía, ayudando a superar la fatiga y a revitalizar el cuerpo y la mente.

- **Joyería y decoración:** El cuarzo rutilado ha sido apreciado en la joyería por su belleza única. Históricamente, ha sido utilizado tanto en amuletos como en adornos.

- **Sanación y meditación:** Culturas antiguas creían que este cristal tenía el poder de conectar a las personas con la energía divina y se usaba en rituales de sanación y meditación.

Cuarzo con Turmalina

El cuarzo con turmalina, también conocido como cuarzo turmalinado, es un cuarzo que contiene inclusiones de turmalina negra.

Este tipo de cuarzo combina las propiedades de ambos minerales, lo que lo convierte en un poderoso talismán de protección y purificación.

- **Protección:** La turmalina negra es conocida por sus propiedades protectoras, especialmente contra la energía negativa. Combinada con el cuarzo, estas propiedades se ven amplificadas.

- **Aterrizaje y equilibrio:** Ayuda a equilibrar y alinear todos los chakras, promoviendo un flujo energético armonioso en el cuerpo.

- **Purificación:** Es excelente para la limpieza y purificación del aura y del entorno, eliminando las energías negativas y promoviendo un ambiente de paz y tranquilidad.

- **Amuletos de protección:** El cuarzo turmalinado ha sido utilizado como amuleto de protección en varias culturas antiguas, debido a su capacidad para desviar las energías negativas.

- **Herramienta de sanación:** En la sanación holística, se utiliza para equilibrar el cuerpo energético y proteger a los sanadores y terapeutas de absorber energías no deseadas durante las sesiones.

Además de los tipos generales de cuarzo, existen varias variedades especiales que poseen características únicas y propiedades específicas. A continuación, se presentan algunas de las variedades más notables de cuarzo:

CUARZO FANTASMA

El cuarzo fantasma es una variedad de cuarzo en la que se pueden ver inclusiones internas que se asemejan a una forma de fantasma dentro del cristal. Estas inclusiones se forman debido a interrupciones en el crecimiento del cristal, que luego se reanudan, atrapando minerales o sedimentos dentro.

Propiedades:

- **Crecimiento Personal:** Se dice que el cuarzo fantasma ayuda en el crecimiento personal y espiritual, simbolizando los bloqueos y los desafíos que una persona ha superado.

- **Meditación:** Es utilizado en prácticas de meditación para acceder a los recuerdos y experiencias pasadas, facilitando la introspección y la sanación emocional.

Cuarzo Lemuriano

Qué es: El cuarzo lemuriano es una variedad de cuarzo con líneas horizontales distintivas o "estrías" en uno o más lados del cristal. Se cree que estos cristales provienen de la antigua civilización de Lemuria.

Propiedades:

- **Conexión espiritual:** Se dice que el cuarzo lemuriano facilita una conexión profunda con la energía espiritual y con los conocimientos ancestrales de Lemuria.
- **Sanación y equilibrio:** Es utilizado para equilibrar y sanar el cuerpo energético, promoviendo la armonía y la paz interior.

Cuarzo Gemelo

El cuarzo gemelo, también conocido como cuarzo tántrico, consiste en dos cristales de cuarzo que han crecido juntos, compartiendo una base común pero manteniendo sus puntas separadas.

- **Relaciones y amor:** Este tipo de cuarzo es ideal para trabajar en relaciones personales y amorosas, promoviendo la armonía y la unión.

- **Integración y unidad:** Se utiliza para integrar aspectos duales de la personalidad, ayudando a equilibrar energías opuestas dentro del individuo.

Cuarzo Bipunta

El cuarzo bipunta tiene una punta en cada extremo, a diferencia del cuarzo normal que tiene una única punta. Esta formación permite que la energía fluya en ambas direcciones.

Propiedades:

- **Canalización de energía:** Es excelente para canalizar y dirigir la energía en ambas direcciones, facilitando la comunicación entre diferentes planos de existencia.

- **Equilibrio y armonía:** Ayuda a equilibrar y armonizar las energías dentro del cuerpo, siendo útil en prácticas de sanación energética.

Cuarzo Vogel

El cuarzo Vogel es una variedad especial de cuarzo tallada con precisión en una forma específica por el físico Marcel Vogel. Estas piezas están diseñadas para amplificar y dirigir la energía de manera eficiente.

Propiedades:

- **Sanación energética:** Se utiliza en terapias de sanación energética debido a su capacidad para concentrar y dirigir la energía hacia puntos específicos.

- **Amplificación:** El diseño del cuarzo Vogel permite una amplificación significativa de la energía, siendo ideal para meditaciones profundas y trabajos de sanación.

Estas variedades especiales de cuarzo no solo son visualmente impresionantes sino que también poseen propiedades únicas que las hacen valiosas en prácticas espirituales, de sanación y de crecimiento personal. Cada tipo de cuarzo tiene su propia historia y aplicaciones, lo que los convierte en herramientas poderosas para quienes buscan explorar y trabajar con las energías de la tierra y del universo.

En resumen, el cuarzo es un mineral versátil con una rica historia de uso en diversas culturas y aplicaciones. Desde las propiedades curativas y energéticas hasta sus aplicaciones tecnológicas, los cuarzos continúan siendo una parte integral de la vida humana. Cada variedad de cuarzo, con sus características únicas, ofrece diferentes beneficios y aplicaciones, haciendo de este mineral uno de los más importantes y fascinantes del mundo.

MALAQUITA

La malaquita, con su característico color verde y patrones ondulados, ha capturado la atención y el respeto de diversas culturas a lo largo de la historia. Su belleza es innegable, pero son sus propiedades curativas las que han hecho de este mineral una herramienta valiosa en la medicina tradicional de muchas civilizaciones. En este capítulo, exploraremos el uso de la malaquita desde la antigüedad hasta la Edad Media, incluyendo referencias a figuras importantes como George Agricola y Santa Hildegarda de Bingen. También examinaremos su conexión con la glándula pineal y su papel en la producción de melatonina y DMT, la molécula de Dios.

George Agricola, conocido como el "padre de la mineralogía", fue uno de los primeros en documentar de manera sistemática las propiedades de los minerales en su obra "De Re Metallica" publicada en 1556. Agricola describió la malaquita no solo por su uso ornamental, sino también por sus aplicaciones medicinales. Según Agricola, la malaquita era utilizada en forma de polvo para tratar diversas afecciones de la piel y para acelerar la cicatrización de heridas. Su conocimiento se basaba en observaciones empíricas y en la recopilación de saberes transmitidos de generación en generación.

En el antiguo Egipto, la malaquita era un mineral de gran importancia tanto en la joyería como en la medicina. Los egipcios molían la malaquita para crear polvos verdes que se utilizaban como sombra de ojos, conocida como "kohl". Esta práctica no solo era estética; se creía que el kohl tenía propiedades protectoras, previniendo infecciones oculares. Además, se empleaba en amuletos y talismanes, ya que se consideraba que la malaquita tenía la capacidad de proteger contra el mal de ojo y las energías negativas.

Los griegos y romanos también valoraban la malaquita por sus propiedades curativas. Plinio el Viejo, en su "Historia Natural", menciona el uso de la malaquita para tratar problemas oculares y como antídoto contra el veneno. Los médicos de la época recomendaban el uso de malaquita pulverizada mezclada con miel o vinagre para aplicar sobre las heridas y acelerar su cicatrización. También se creía que la malaquita tenía un efecto calmante sobre la mente y el cuerpo, aliviando el estrés y la ansiedad.

En la medicina tradicional china, la malaquita era conocida como "piedra verde" y se utilizaba para equilibrar el flujo de energía (qi) en el cuerpo. Se creía que este mineral podía limpiar los meridianos y promover la curación de órganos internos. La malaquita se empleaba en forma de elixires y se llevaba como talismán para proteger contra enfermedades y energías negativas.

Santa Hildegarda de Bingen, una figura prominente del siglo XII, fue una abadesa benedictina, mística y herbolaria que dejó una marca indeleble en la historia de la medicina natural. En sus escritos, especialmente en "Physica" y "Causae et Curae", Hildegarda mencionó el uso de diversos minerales, incluyendo la malaquita, en sus prácticas curativas. Según Hildegarda, la malaquita tenía propiedades protectoras y podía utilizarse para tratar enfermedades de la piel y desórdenes emocionales. Ella recomendaba llevar la malaquita en contacto con la piel para aprovechar sus beneficios curativos y protectores.

Propiedades Curativas de la Malaquita

La malaquita contiene aproximadamente un 57% de cobre, lo que le confiere sus propiedades terapéuticas. El cobre es un mineral esencial para el cuerpo humano, involucrado en procesos como la formación de colágeno, la absorción de hierro y la producción de energía. El uso de la malaquita en contacto con la piel puede ayudar a mejorar la elasticidad de la piel, reducir la inflamación y acelerar la cicatrización de heridas. Hoy en día, la malaquita también se utiliza en productos dermatológicos por estas mismas propiedades.

La glándula pineal, ubicada en el centro del cerebro, es conocida por su capacidad para regular los ciclos de sueño y vigilia a través de la producción de melatonina. Esta pequeña glándula endocrina también se ha asociado con la percepción espiritual y la conciencia elevada. La malaquita, con su vibración energética única, se cree que puede estimular la glándula pineal, promoviendo un equilibrio hormonal y una mayor conexión espiritual.

La melatonina es una hormona producida por la glándula pineal que regula el ciclo de sueño-vigilia. Esta hormona es crucial para la salud general, ya que influye en el sistema inmunológico, el metabolismo y la reparación celular. Además de regular el sueño, la melatonina tiene propiedades antiinflamatorias, desintoxicantes y regenerativas. Al equilibrar la producción de melatonina, la malaquita puede ayudar a mejorar la calidad del sueño y, por ende, el bienestar general. La capacidad del cuerpo para regenerarse y mantenerse saludable está intrínsecamente ligada a la producción adecuada de melatonina.

El DMT (dimetiltriptamina) es un compuesto psicoactivo que se encuentra de manera natural en el cerebro humano, específicamente en la glándula pineal. Este compuesto ha sido llamado la "molécula de Dios" debido a sus efectos profundos en la percepción y la conciencia. Durante estados de meditación profunda o experiencias cercanas a la muerte, se cree que la glándula pineal libera DMT, facilitando experiencias místicas y espirituales. La malaquita, al influir en la glándula pineal, puede ayudar a abrir caminos hacia estas experiencias trascendentales.

La malaquita no solo tiene efectos físicos y espirituales, sino que también puede influir en nuestra percepción mental y emocional. Se cree que este mineral tiene la capacidad de ayudarnos a ver más allá de lo evidente, permitiéndonos percibir la realidad con mayor claridad y sin los prejuicios que a menudo bloquean nuestra comprensión. Al promover una visión más amplia y abierta, la malaquita nos ayuda a eliminar las barreras mentales y emocionales que nos impiden alcanzar nuestro verdadero potencial.

Hoy en día, la malaquita sigue siendo valorada en la gemoterapia y otras prácticas de medicina alternativa. Se cree que la malaquita tiene la capacidad de absorber energías negativas y equilibrar los chakras, especialmente el chakra del corazón. Se utiliza en forma de joyería, elixires y amuletos para promover la salud física y emocional.

La malaquita ha sido un mineral venerado a lo largo de la historia por sus propiedades curativas y protectoras. Desde los antiguos egipcios y griegos hasta figuras medievales como Santa Hildegarda de Bingen, muchas culturas han reconocido y utilizado los beneficios de la malaquita. Además, su capacidad para influir en la glándula pineal y promover la producción de melatonina y DMT subraya su importancia en la salud y el bienestar espiritual. La malaquita no solo contribuye a la regeneración y el equilibrio del cuerpo, sino que también abre puertas hacia una mayor conexión espiritual y mental, ayudándonos a eliminar los prejuicios que nos bloquean. A medida que avanzamos en nuestro conocimiento de los minerales y su interacción con el cuerpo humano, la malaquita continúa siendo un símbolo de sanación y equilibrio.

LA SHUNGIT

La shungit es un mineral excepcional que ha fascinado a científicos, mineralogistas y entusiastas de la salud natural por igual. Este mineral negro, lustroso y no cristalino se encuentra principalmente en la región de Karelia, en Rusia, en una zona cercana al lago Onega. Lo que hace a la shungit tan especial es su composición química única, que incluye fullerenos, una forma de carbono molecular que fue descubierta en 1985 y llevó a los científicos Robert F. Curl, Harold W. Kroto y Richard E. Smalley a ganar el Premio Nobel de Química en 1996.

El origen de la shungit sigue siendo un misterio en la ciencia. Algunos estudios sugieren que este mineral podría haberse formado a partir de procesos biológicos antiguos, como la descomposición de materia orgánica en condiciones extremas, hace aproximadamente 2.000 millones de años.

Aunque Karelia es el principal depósito de shungit en el mundo, pequeñas cantidades de este mineral han sido encontradas en otras regiones, como India y el Congo. Sin embargo, ninguna de estas localidades cuenta con depósitos tan grandes comparable a los encontrados en Rusia.

Lo que realmente distingue a la shungit es su composición química. Además de estar compuesta principalmente por carbono (en una forma no cristalina), se ha encontrado que contiene todos los elementos de la tabla periódica en diversas proporciones. Este hecho, combinado con la presencia de fullerenos, convierte a la shungit en un mineral único en la naturaleza. Entre los elementos detectados se encuentran metales como el níquel, el cobalto y el vanadio, junto con trazas de elementos raros. Esta complejidad química la dota de propiedades inusuales, como la capacidad de purificar el agua y absorber impurezas.

1. **Descubrimiento:** La shungit fue descubierta en la región de Shunga en Karelia, Rusia, de donde toma su nombre. Los primeros registros de su uso se remontan al siglo XVIII, aunque hay evidencia de que se utilizó mucho antes por los pueblos indígenas de la región.

2. **Pedro el Grande:** El zar Pedro el Grande de Rusia estableció una estación de spa en Karelia y utilizó la shungit para purificar el agua para sus soldados, reconociendo sus propiedades desinfectantes y curativas.

Propiedades Físicas y Curativas:

- **Desintoxicación y purificación:** La shungit es conocida por sus propiedades desintoxicantes. Se utiliza para purificar el agua debido a su capacidad para eliminar contaminantes, bacterias y otros microorganismos.

- **Protección electromagnética:** La shungit es conocida por su capacidad para proteger contra la radiación electromagnética (EMF). Estudios han demostrado que la shungit puede absorber hasta un 70% de la radiación electromagnética gracias a los fullerenos que contiene. Es común colocar piezas de shungit cerca de dispositivos electrónicos para mitigar los efectos de la radiación.

- **Propiedades antioxidantes:** Gracias a los fullerenos, la shungit tiene propiedades antioxidantes que pueden ayudar a reducir el estrés oxidativo en el cuerpo.

Propiedades emocionales y espirituales:

- **Estabilidad y equilibrio:** La shungit es utilizada para promover la estabilidad emocional y el equilibrio mental. Ayuda a filtrar las emociones y a anclar la mente.

- **Conexión con la Tierra:** Este mineral está asociado con la conexión a tierra y la alineación de los chakras, especialmente el chakra raíz, lo que puede aumentar la sensación de seguridad y estabilidad.

Uso y Aplicaciones:

- **Purificación de agua:** La shungit se utiliza para purificar el agua potable. Se pueden sumergir trozos de shungit en el agua durante varias horas para eliminar impurezas.

- **Joyas:** La shungit se usa en joyería. Llevar shungit ayuda a proteger contra la radiación electromagnética. Además, llevar un colgante de shungit a la altura del timo puede estimular y oxigenar esta glándula.

Investigaciones Científicas:

- **Propiedades antibacterianas:** Estudios científicos han demostrado que la shungit tiene propiedades antibacterianas significativas, lo que explica su uso tradicional en la purificación del agua.

- **Investigaciones rusas:** Científicos rusos han llevado a cabo investigaciones sobre las propiedades protectoras de la shungit contra la radiación electromagnética, confirmando su efectividad.

Se comercializa en varias formas debido a sus diversas aplicaciones y beneficios. Aquí se presentan algunas de las formas más comunes de shungit y las razones por las que se comercializan de esta manera:

1. Adhesivos para Teléfonos

- **Descripción:** Pegatinas pequeñas de shungit que se adhieren a los dispositivos electrónicos, como teléfonos móviles y computadoras.

- **Usos:** Se colocan para proteger al usuario de la radiación electromagnética, absorbiendo las ondas dañinas. La shungit neutraliza los efectos de las radiaciones de EMF generadas por los dispositivos electrónicos hasta en un 70 %

2. *Colgantes para el Timo*

- **Descripción:** Colgantes de shungit diseñados para estar cerca del área del timo.
- **Usos:** El timo está relacionado con el sistema inmunológico y la energía vital. Los colgantes de shungit pueden estimular el timo, una glándula ubicada en el sistema inmunológico que juega un papel importante en la producción de células inmunitarias. Teniendo en cuenta que somos hasta un 70 % agua, la shungit a la altura del timo, puede estimular el buen funcionamiento de esta glándula y filtrar las emociones.

3. *Pulseras*

- **Descripción:** Pulseras hechas con piedras de shungit.
- **Usos:** Se utilizan para proteger al cuerpo de las radiaciones electromagné-

ticas mientras se llevan puestas. Además, al estar cerca de la piel, estimula la reproducción de células sanas.

4. *Pirámides*

- **Descripción:** Shungit tallada en forma de pirámides.
- **Usos:** Según algunas teorías, las pirámides de shungit pueden generar un **campo de torsión** que ayuda a armonizar y equilibrar las energías del entorno. Esta teoría fue propuesta por el físico Albert Einstein y el científico Nicolai Kozyrev, quienes sugirieron que las pirámides podrían alterar la estructura del espacio-tiempo, creando efectos energéticos beneficiosos.

Se cree que las pirámides de shungit, al generar un campo de torsión, son capaces de modificar las frecuencias energéticas a su alrededor, creando un ambiente armonioso y protegiendo contra las influencias dañinas.

6. Polvo de Shungit

- **Descripción:** Shungit finamente molida en polvo.

- **Usos:** Añadido a cosméticos y productos de cuidado personal por sus propiedades antioxidantes y purificadoras.

- **Razón:** El polvo de shungit puede mejorar la salud de la piel y el cabello, protegiéndolos de los radicales libres y las toxinas.

PIEDRAS

- **Descripción:** Pequeñas piezas de shungit en su forma natural, pulida o sin pulir.

- **Usos:** Comúnmente utilizadas para purificar agua, ya que la shungit puede eliminar impurezas y añadir propiedades beneficiosas al agua.

- **Razón:** La shungit tiene propiedades antibacterianas y puede neutralizar contaminantes, lo que la hace ideal para la purificación del agua.

Experimento con shungit para observar sus efectos en la conservación del agua

Materiales necesarios:

- 2 floreros de tamaño similar.
- 2 flores del mismo tipo (preferiblemente frescas).
- La misma cantidad de agua para ambos floreros.
- 30 a 40 gramos de piedras de shungit.

Instrucciones:

1. Llena ambos floreros con la misma cantidad de agua.
2. Coloca una flor en cada florero. Asegúrate de que ambas flores sean iguales en tamaño, tipo y frescura.
3. En uno de los floreros, añade las piedras de shungit (30 a 40 gramos). El otro florero quedará sin las piedras.
4. Coloca los floreros en el mismo lugar para que estén expuestos a las mismas condiciones ambientales (luz, temperatura, etc.).

5. Observa los cambios a lo largo de los días.

Resultados esperados:

- El florero sin shungit probablemente mostrará un deterioro más rápido en la flor, acompañado de un cambio en el color y olor del agua.
- En el florero con shungit, es posible que la flor se mantenga en mejor estado durante más tiempo, y el agua no desarrolle mal olor. Además, puede ser necesario reponer el agua en este florero debido a la evaporación.

Este experimento sencillo puede ayudarte a observar las posibles propiedades purificadoras y conservantes de la shungit en un entorno cotidiano.

Cada forma de shungit se comercializa con el objetivo de aprovechar sus propiedades únicas, tanto en el ámbito energético como físico, para mejorar el bienestar y proteger al usuario de influencias externas dañinas.

CONCLUSIÓN

Si has comprendido que absolutamente todo es energía y lo crees con certeza, entonces tu vida ya está en proceso de transformación. Estás despertando a la verdad más profunda: tú y solo tú tienes el poder de moldear tu existencia. No hay límites, no hay barreras infranqueables, solo caminos por descubrir.

La realidad no es más que una manifestación de nuestra propia energía. Cada problema que enfrentamos no es sino un desajuste, un bloqueo energético que puede ser liberado, una frecuencia que podemos armonizar. Y en este viaje, los minerales son aliados valiosos, herramientas que la naturaleza nos ha dado para equilibrar y potenciar nuestra vibración.

Pero lo más importante, por encima de todo, es creer en uno mismo. Saber con certeza que somos seres completos, perfectos en nuestra esencia, y que poseemos dentro de nosotros la capacidad infinita de crear, transformar y evolucionar.

Además, en este universo energético, todo lo que damos regresa a nosotros. Si entregamos amor, recibimos amor; si actuamos con alegría, atraeremos más alegría. Por eso, es esencial vivir con conciencia, hacer cada cosa desde el amor, la gratitud y la armonía, porque es así como construiremos una realidad llena de bendiciones y bienestar.

Es momento de dejar atrás los prejuicios, de soltar las falsas creencias que nos han limitado y abrazar con confianza el poder que siempre ha estado en nuestro interior. La vida no es un camino de dudas ni temores, sino una oportunidad maravillosa para experimentar, aprender y brillar con toda nuestra luz.

Atrévete a vivir plenamente. Cree en ti. Da lo mejor de ti y la vida te lo devolverá multiplicado. Porque cuando vibramos alto, creamos una realidad donde todo es posible.

BIBLIOGRAFÍA

"Proceedings of the National Academy of Sciences," varios autores.

Blackburn, E., & Epel, E. (2017). "The Telomere Effect: A Revolutionary Approach to Living Younger, Healthier, Longer."

Gemological Institute of America (GIA)

Mindat.org - Mineral and Gemstone Information

Journal of Applied Physics

Smithsonian National Museum of Natural History

NCBI - National Center for Biotechnology Information

"The Book of Stones" por Robert Simmons y Naisha Ahsian.

"The Crystal Bible" por Judy Hall.

Estudios sobre la piezoelectricidad de los cuarzos: Pierre y Jacques Curie (1880).

Aplicaciones modernas de cuarzos piezoeléctricos en tecnología y medicina.

Albert Einstein y Nicolai Kozyrev: Estos científicos teorizaban sobre la energía que las pirámides y otros objetos geométricos podían generar, sugiriendo que podrían influir en la estructura del espacio-tiempo.

ResearchGate - Shungite's Electromagnetic Protection: Investigación sobre cómo los materiales como la shungit pueden influir en la radiación y proporcionar protección.

PubMed - Shungite's Health Benefits: Estudio sobre los beneficios potenciales de la shungit, incluyendo la protección contra radiación y otros efectos curativos.

Mindat.org - Shungite Mineral Information

ResearchGate - Shungite: The Carbon Mineral with Remarkable Properties

PubMed - Antibacterial Properties of Shungite

Gemological Institute of America (GIA) - Shungite

GRACIAS POR COMPRAR
ESTE LIBRO.
DESCUBRE MÁS EN
NUESTRA WEB: